U0629820

中国电子信息工程科技发展研究

光学工程国内外发展态势研究

中国信息与电子工程科技发展战略研究中心

科学出版社

北　京

内 容 简 介

　　本书围绕基础理论、关键技术、产业应用、科技政策等内容，系统梳理了当前光学工程领域的发展状况，总结了全球发展态势以及我国发展现状，展望了我国光学工程领域的未来发展方向及其在培育新质生产力方面的潜在推动作用。在此基础上，围绕光学工程领域的理论和方法(包括光学理论及智能设计、矢量光场调控技术等)、典型应用(包括激光光源、光学神经网络及光学计算、光学成像、光学传感及测量、激光通信、光学显示、绿色能源光学、跨尺度/三维激光制造等)，重点介绍了全球研究热点和亮点，以及 2022～2023 年取得的重要进展及突破。最后梳理了光学工程领域的年度热词，介绍了其基本含义和应用水平。

　　本书适合高等院校光学工程、物理等专业的本科生、研究生及教师阅读，也可供相关领域的产业工程科技人员参考。

图书在版编目（CIP）数据

　　中国电子信息工程科技发展研究. 光学工程国内外发展态势研究/中国信息与电子工程科技发展战略研究中心编著. —北京：科学出版社，2024.6. — ISBN 978-7-03-078838-2

　Ⅰ. G203；TB133

　中国国家版本图书馆 CIP 数据核字第 2024V2D951 号

责任编辑：王　哲 / 责任校对：胡小洁
责任印制：吴兆东 / 封面设计：迷底书装

科学出版社 出版
北京东黄城根北街 16 号
邮政编码：100717
http://www.sciencep.com

涿州市殷润文化传播有限公司印刷
科学出版社发行　各地新华书店经销

*

2024 年 6 月第　一　版　　开本：890×1240 A5
2024 年 10 月第二次印刷　　印张：4 1/8
字数：105 000
定价：98.00 元
（如有印装质量问题，我社负责调换）

《中国电子信息工程科技发展研究》指导组

组　长：

　　吴曼青　费爱国

副组长：

　　赵沁平　余少华　吕跃广

成　员：

　　丁文华　刘泽金　何　友　吴伟仁

　　张广军　罗先刚　陈　杰　柴天佑

　　廖湘科　谭久彬　樊邦奎

顾　问：

　　陈左宁　卢锡城　李天初　陈志杰

　　姜会林　段宝岩　邬江兴　陆　军

《中国电子信息工程科技发展研究》工作组

组　长：
余少华　陆　军

副组长：
曾倬颖

中国信息与电子工程科技发展战略研究中心
CHINA ELECTRONICS AND INFORMATION STRATEGIES

中国信息与电子工程科技
发展战略研究中心简介

中国工程院是中国工程科学技术界的最高荣誉性、咨询性学术机构，是首批国家高端智库试点建设单位，致力于研究国家经济社会发展和工程科技发展中的重大战略问题，建设在工程科技领域对国家战略决策具有重要影响力的科技智库。当今世界，以数字化、网络化、智能化为特征的信息化浪潮方兴未艾，信息技术日新月异，全面融入社会生产生活，深刻改变着全球经济格局、政治格局、安全格局，信息与电子工程科技已成为全球创新最活跃、应用最广泛、辐射带动作用最大的科技领域之一。为做好电子信息领域工程科技类发展战略研究工作，创新体制机制，整合优势资源，中国工程院、中央网信办、工业和信息化部、中国电子科技集团加强合作，于2015年11月联合成立了中国信息与电子工程科技发展战略研究中心。

中国信息与电子工程科技发展战略研究中心秉持高层次、开放式、前瞻性的发展导向，围绕电子信息工程科技发展中的全局性、综合性、战略性重要热点课题开展理论研究、应用研究与政策咨询工作，充分发挥中国工程院院士，国家部委、企事业单位和大学院所中各层面专家学者的智力优势，努力在信息与电子工程科技领域建设一流的战略思想库，为国家有关决策提供科学、前瞻和及时的建议。

《中国电子信息工程科技发展研究》
编写说明

当今世界，以数字化、网络化、智能化为特征的信息化浪潮方兴未艾，信息技术日新月异，全面融入社会经济生活，深刻改变着全球经济格局、政治格局、安全格局。电子信息工程科技作为全球创新最活跃、应用最广泛、辐射带动作用最大的科技领域之一，不仅是全球技术创新的竞争高地，也是世界各主要国家推动经济发展、谋求国家竞争优势的重要战略方向。电子信息工程科技是典型的"使能技术"，几乎是所有其他领域技术发展的重要支撑，电子信息工程科技与生物技术、新能源技术、新材料技术等交叉融合，有望引发新一轮科技革命和产业变革，为重塑社会经济生产结构提供新质生产力。电子信息工程科技作为最直接、最现实的工具之一，直接将科学发现、技术创新与产业发展紧密结合，极大地加速了科学技术发展的进程，成为改变世界的重要力量。电子信息工程科技也是新中国成立 70 年来特别是改革开放 40 年来，中国经济社会快速发展的重要驱动力。在可预见的未来，电子信息工程科技的进步和创新仍将是推动人类社会发展的最重要的引擎之一。

把握世界科技发展大势，围绕科技创新发展全局和长远问题，及时为国家决策提供科学、前瞻性建议，履行好国家高端智库职能，是中国工程院的一项重要任务。为此，中国工程院信息与电子工程学部决定组织编撰《中国电子信息工程科技发展研究》(以下简称"蓝皮书")。2018 年9 月至今，编撰工作由余少华、陆军院士负责。"蓝皮书"分综合篇和专题篇，分期出版。学部组织院士并动员各方面专家 300 余人参与编撰工作。"蓝皮书"编撰宗旨是：分析研究电子信息领域年度科技发展情况，综合阐述国内外年度电子信息领域重要突破及标志性成果，为我国科技人员准确把握电子信息领域发展趋势提供参考，为我国制定电子信息科技发展战略提供支撑。

"蓝皮书"编撰指导原则如下：

(1) 写好年度增量。电子信息工程科技涉及范围宽、发展速度快，综合篇立足"写好年度增量"，即写好新进展、新特点、新挑战和新趋势。

(2) 精选热点亮点。我国科技发展水平正处于"跟跑""并跑""领跑"的三"跑"并存阶段。专题篇力求反映我国该领域发展特点，不片面求全，把关注重点放在发展中的"热点"和"亮点"问题。

(3) 综合与专题结合。"蓝皮书"分"综合"和"专题"两部分。综合部分较宏观地介绍电子信息科技相关领域全球发展态势、我国发展现状和未来展望；专题部分则分别介绍 13 个子领域的热点亮点方向。

5 大类和 13 个子领域如图 1 所示。13 个子领域的颗粒度不尽相同，但各子领域的技术点相关性强，也能较好地与学部专业分组对应。

应用系统
7. 水声工程
12. 计算机应用

获取感知	计算与控制	网络与安全
4. 电磁空间	9. 控制	5. 网络与通信
	10. 认知	6. 网络安全
	11. 计算机系统与软件	13. 海洋网络信息体系

共性基础
1. 微电子光电子
2. 光学
3. 测量计量与仪器
8. 电磁场与电磁环境效应

图 1　子领域归类图

至今，"蓝皮书"陆续发布多部综合篇、系列专题和英文专题等，见表 1。

表 1　"蓝皮书"整体情况汇总

序号	年份	中国电子信息工程科技发展研究——专题名称
1	大本子	中国电子信息工程科技发展研究
2	2018	中国电子信息工程科技发展研究（领域篇）——传感器技术
3		中国电子信息工程科技发展研究（领域篇）——遥感技术及其应用
4	大本子	中国电子信息工程科技发展研究 2017
5	2019	5G 发展基本情况综述
6		下一代互联网 IPv6 专题
7		工业互联网专题
8		集成电路产业专题
9		深度学习专题
10		未来网络专题

续表

序号	年份	中国电子信息工程科技发展研究——专题名称
11		集成电路芯片制造工艺专题
12	2019	信息光电子专题
13		可见光通信专题
14	大本子	中国电子信息工程科技发展研究（综合篇 2018—2019）
15		区块链技术发展专题
16		虚拟现实和增强现实专题
17	2020	互联网关键设备核心技术专题
18		机器人专题
19		网络安全态势感知专题
20		自然语言处理专题
21	2021	卫星通信网络技术发展专题
22		图形处理器及产业应用专题
23	大本子	中国电子信息工程科技发展研究（综合篇 2020—2021）
24		量子器件及其物理基础专题
25		微电子光电子专题
26		光学工程专题
27		测量计量与仪器专题
28		网络与通信专题
29	2022	网络安全专题
30		电磁场与电磁环境效应专题
31		控制专题
32		认知专题
33		计算机应用专题

续表

序号	年份	中国电子信息工程科技发展研究——专题名称
34	2022	海洋网络信息体系专题
35		智能计算专题
36		大数据技术及产业发展专题
37		遥感过程控制与智能化专题
38	2023	操作系统专题
39		数据中心网络与东数西算专题
40		大科学装置专题
41		软件定义晶上系统（SDSoW）专题
42		ChatGPT 技术专题
43		数字孪生专题
44		微电子光电子国内外发展态势研究
45	2024	光学工程国内外发展态势研究
46		电磁空间学科发展及国内外发展态势研究
47		网络与通信国内外发展态势研究
48		网络安全国内外发展态势研究
49		海洋网络信息体系国内外发展态势研究

从 2019 年开始，先后发布《电子信息工程科技发展十四大趋势》、《电子信息工程科技十三大挑战》、《电子信息工程科技十四大技术挑战》（2019 年、2020 年、2021 年、2022 年、2023 年）5 次。科学出版社与 Springer 出版社合作出版了 5 个专题，见表 2。

表 2　英文专题汇总

序号	英文专题名称
1	Network and Communication
2	Development of Deep Learning Technologies
3	Industrial Internet
4	The Development of Natural Language Processing
5	The Development of Block Chain Technology

相关工作仍在尝试阶段，难免出现一些疏漏，敬请批评指正。

中国信息与电子工程科技发展战略研究中心

前　言

　　光学工程是一门研究光学应用过程中出现的基础性、技术性、工程性问题的学科，其发展历史悠久，但概念和内涵历久弥新。近年来，伴随着多学科交叉以及应用需求的发展，光学与信息科学、材料科学、能源科学、空间科学、精密机械与制造等学科不断融合和相互渗透，逐渐衍生出信息光子学、能源光子学、空间光子学、生物光子学、数字光学等新兴交叉学科方向，相关理论和技术成为国际前沿研究热点。当前，光学工程的内涵和应用不断拓展，已逐渐成为现代数字信息社会的关键使能技术，在基础科学、国民经济、国家安全等领域发挥了重要作用，为培育新质生产力注入了新动能。

　　本书围绕基础理论、关键技术、产业应用、科技政策等方面，重点介绍近年来光学工程领域的全球发展态势、我国发展现状及未来发展展望。在此基础上，围绕光学工程领域的理论和方法(包括光学理论及智能设计、矢量光场调控技术等)、典型应用(包括激光光源、光学神经网络及光学计算、光学成像、光学传感及测量、激光通信、光学显示、绿色能源光学、跨尺度/三维激光制造等)，重点梳理了全球研究热点和亮点，以及2022～2023年取得的重要进展及突破。

　　来自中国科学院光电技术研究所、国防科技大学、华中科技大学、中国科学院长春光学精密机械与物理研究所、北京理工大学等多家单位的专家参与了本书撰写工作，在此一并感谢。

　　本书的撰写工作虽有多个单位共同参与，但仍不能覆盖光学工程领域的所有内容，且由于作者知识有限，书中难免出现疏漏之处，敬请广大读者批评指正。

专家组名单

姓名	工作单位	职务/职称
罗先刚	中国科学院光电技术研究所	中国工程院院士
许祖彦	中国科学院理化技术研究所	中国工程院院士
姜会林	长春理工大学	中国工程院院士
余少华	鹏城实验室	中国工程院院士
周炳琨	清华大学	中国科学院院士
杨国桢	中国科学院物理研究所	中国科学院院士
姜文汉	中国科学院光电技术研究所	中国工程院院士
李儒新	上海科技大学	中国科学院院士
庄松林	上海理工大学	中国工程院院士
周寿桓	四川大学	中国工程院院士
陈良惠	中国科学院半导体研究所	中国工程院院士
褚君浩	中国科学院上海技术物理研究所	中国科学院院士
郑婉华	中国科学院半导体研究所	中国科学院院士
顾瑛	中国人民解放军总医院	中国科学院院士
祝宁华	中国科学院雄安创新研究院	中国科学院院士
黄维	西北工业大学	中国科学院院士
洪明辉	厦门大学	新加坡工程院院士
顾敏	上海理工大学	中国工程院外籍院士

续表

姓名	工作单位	职务/职称
刘泽金	国防科技大学	中国工程院院士
王立军	中国科学院长春光学精密机械与物理研究所	中国科学院院士
罗毅	清华大学	中国工程院院士
江风益	南昌大学	中国科学院院士
王建宇	中国科学院上海技术物理研究所	中国科学院院士
姚建铨	天津大学	中国科学院院士
张学军	中国科学院长春光学精密机械与物理研究所	中国工程院院士
邓伟	光学工程学会	副秘书长

注：排名不分先后

撰写组名单

姓名	工作单位	职务/职称
李雄	中国科学院光电技术研究所	研究员
蒲明博	中国科学院光电技术研究所	主任/研究员
徐明峰	中国科学院光电技术研究所	副研究员
郭迎辉	中国科学院光电技术研究所	副研究员
张飞	中国科学院光电技术研究所	副研究员
陈潋微	中国科学院光电技术研究所	研究员
马晓亮	中国科学院光电技术研究所	研究员
许京军	南开大学	教授
王涌天	北京理工大学	教授
魏志义	中国科学院物理研究所	研究员
刘伍明	中国科学院物理研究所	研究员
钱列加	复旦大学	教授
张新亮	西安电子科技大学	校长/教授
陆延青	南京大学	副校长/教授
王琼华	北京航空航天大学	教授
关柏鸥	暨南大学	院长/教授
杨中民	华南理工大学	副校长/教授
忻向军	北京邮电大学	院长/教授

姓名	工作单位	职务/职称
王义平	深圳大学	教授
屈军乐	深圳大学	院长/教授
刘建国	中国科学院半导体研究所	研究员
陈岐岱	吉林大学	教授
朱涛	重庆大学	院长/教授
程鑫彬	同济大学	教授
韩家广	桂林电子科技大学	教授
刘博	南京信息工程大学	副校长/教授
曾和平	华东师范大学	教授
张仁彦	国防科技大学	副研究员
高辉	华中科技大学	副研究员

注：排名不分先后

目　录

第1章 全球发展态势

光学工程是一门研究光学应用过程中出现的基础性、技术性、工程性问题的学科，其发展历史悠久，但概念和内涵历久弥新。具体而言，光学工程以光学理论为基础，以解决光学应用问题为导向，涵盖光学理论及设计、光学材料、光学加工、光学器件及系统、光学应用等。

近年来，伴随着多学科交叉以及应用需求的发展，光学与信息科学、材料科学、能源科学、空间科学、精密机械与制造等学科不断融合和相互渗透，逐渐衍生出信息光子学、能源光子学、空间光子学、生物光子学、数字光学等新兴交叉学科方向。数字光学、智能光学设计、矢量光场调控、计算光学等相关理论和技术成为国际前沿研究热点领域。

此外，光学工程的内涵和应用不断拓展，已逐渐成为现代数字信息社会的关键使能技术，并在基础科学、国民经济、国家安全等领域发挥了重要作用。随着人工智能技术尤其是多模态人工智能大模型的快速发展，光学工程智能化进程不断加速，为加快发展新质生产力提供了新动能。光学工程领域全球发展态势如图 1.1 所示。

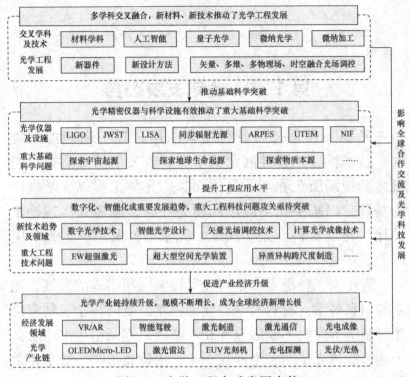

图 1.1 光学工程全球发展态势

1.1 多学科交叉融合特征凸显，新材料及新技术有效推动了光学工程发展

自 17 世纪人们开始研究光的本性以来，光学经历了几何光学、波动光学、量子光学、非线性光学等发展阶段，一直以来都是科学研究及工程应用的关键工具。进入 21 世纪以来，光学研究进入微纳光学和数字光学时代，其与材料、信息、能源、生物等领域的多学科交叉融合特征越来越明显。近十年来，由于新材料的发展，以及人工

智能、微纳加工等技术的突破，光学工程与其他学科的交叉融合日益深入，新现象、新效应、新应用不断被发现和挖掘，有效推动了光学工程的发展。

(1) 材料科学的发展为构建新型光学器件提供了基础和可能性。新型二维材料(如石墨烯、二硫化钼)、相变材料(如 GST($Ge_2Sb_2Te_5$)、二氧化钒(VO_2))、宽禁带半导体(如氮化硅、氮化镓)、新有机高分子材料(如 PEDOT:PSS、PVDF)等材料的发现和研究发展，使宽带、柔性、多功能可调的先进光学器件成为可能。例如，利用多孔 PVDF 材料的高太阳光散射和红外发射特性，可以构建日间辐射制冷器件[1]；利用 VO_2 的金属绝缘体转变特性，可以构建同时调控太阳光波段及长波红外波段的智能窗户[2, 3]。

(2) 人工智能的发展推动了智能光学设计、计算光学、光学神经网络等技术的发展，大幅提高了光学设计及计算能力。一方面，人工智能的发展使得智能算法(如逆向设计、拓扑优化、深度学习等)在光学设计中发挥越来越大的作用，可实现大口径超构透镜的智能化设计[4-6]。与传统设计方法相比，智能算法为光学元器件及系统的功能设计提供了更多可能性，可在提升光学元器件及系统性能的同时大幅提升设计效率。另一方面，计算光学与平面光学技术结合，使得单个平面透镜可以实现宽带大视场成像。例如，美国普林斯顿大学利用超构表面波前编码结合计算成像技术，实现了±20°视场、宽带(400～700nm)成像[7]。此外，各种光学微纳器件的提出为实现新型光学神经网络及光学计算提供了可能，并推动其朝小体积、高密度、低功耗等方向发展。例如，利用光控阻变存储器可以构建仿神经形态视觉传感器[8]；利用微纳结构实现二维拉普拉斯算符，可直接实现图像边缘检测[9]；利用光子微芯片技术，可以开发光学深度神经网络[10]。

(3) 量子光学、纳光子学、微纳加工等理论和技术的发展提升了微纳尺度光场调控能力，推动光场调控技术朝矢量化、多维度、多物理场、时空融合等方向发展，为先进光学器件及系统研究提供了有效支撑。例如，利用一种灵活的可编程频率梳(脉冲时间和相位可以±2 阿秒的精度进行数字控制)，可将测距应用的功率需求降低到1/5000[11]；利用光场拍频技术，可以构建偏振、轨道角动量等矢量信息沿传播方向变化的三维复杂时空光场[12-15]；基于 12 英寸深紫外 ArF 浸没式光刻和晶圆级纳米压印技术，可以实现大口径可见光超构透镜的低成本和大规模制造[16]。

1.2　光学精密仪器与科学设施有效推动了重大基础科学突破

光是人类认识和感知世界最主要的技术手段之一。大到宇宙、小到原子的观测都离不开光学精密仪器与科学设施。随着光学理论及技术的发展，光学精密仪器已成为人类开展重大基础科学研究、实现重大科技创新的重要工具及手段，在探索宇宙起源、生命起源、物质本源等领域发挥着举足轻重的作用。

(1) 在探索宇宙起源方面，研究不同天文现象的光谱信息有助于理解恒星和星系形成过程和进化历史，为解答宇宙起源问题提供支撑。以空间光学望远镜、激光干涉引力波天文台(Laser Interferometer Gravitional-Wave Observatory，LIGO)等为代表的科学仪器设施是光学工程与其他学科综合运用的典范。其中，空间光学望远镜是天文观测的重要技术手段，主要用于收集可见光和红外波段电磁波。20世纪中叶，美国提出在外太空建设观测天体的空间光学望远镜，建设了轨道天文台 OAO-2，并于 1990 年发射了工作于可见光波段的哈勃空间望远镜。2021 年 12 月，美国国家航空航天局 (National Aeronautics and Space Administration，NASA)发射了工作于红外波段的詹姆斯·韦伯空间望远镜 (James Webb Space Telescope，JWST)，其主要任务之一为寻找宇宙大爆炸后的残余红外光谱信号。2022 年 7 月 11 日，JWST 传回了首批宇宙观测照片，展示了"早期宇宙最深处、最清晰的红外线图像"，为研究恒星诞生、湮灭等宇宙演化过程提供了科学数据。美国 LIGO 在 2015 年首次探测到了引力波，验证了广义相对论的"最后一块拼图"，并因此获得了2017 年诺贝尔物理学奖。欧洲航天局(European Space Agency，ESA)提出了激光干涉空间天线(Laser Interferometer Space Antenna，LISA)计划，并于 2022 年 5月通过了可行性验证。LISA 计划将在太空建造一个 250 万公里长的引力波干涉仪，预计于 2034 年发射。此外，NASA 计划于 2024 年发射"宇宙历史分光光度计、再电离纪元和冰层探测器"(SPHEREx)。SPHEREx 望远镜利用可见光和近红外光对整个天空进行巡视，旨在绘制宇宙的"近红外全天空光谱图"，有望成为研究宇宙问题的有力工具。

(2) 精密光学仪器为地球生命及物质起源的探索提供了不可或缺的技术手段。例如，"科学"号科考船在 2016 年的深海热液航次中，在深海热液区利用深海激光拉曼光谱原位探测系统，观测到了自然状态下的超临界二氧化碳流体，为地球生命起源研究提供了重要支撑。此外，同步辐射光源是研究蛋白质精细三维结构的重要技术手段。近十年来，65%的蛋白质晶体结构都是基于同步辐射光源测定的。新冠疫情发生以来，美国阿贡国家实验室利用先进光源系统分析了新冠病毒结构，为新冠病毒变异演化及溯源提供了宝贵数据支撑。

(3) 探索物质本源方面，以第三代同步辐射光源等为代表的大科学设施以及以超快角分辨光电子能谱仪(Angle Resolved Photoemission Spectroscopy，ARPES)、超快透射电子显微镜(Ultrafast Transmission Electron Microscopy，UTEM)等为代表的精密科学仪器，是分析物质精细晶格结构、电子结构等不可或缺的重要技术手段，也为新型光学技术提供了良好的研究及测试平台。例如，2022 年美国国家点火装置(National Ignition Facility，NIF)首次实现了净能量增益：其输入了 2.05MJ 的能量，引发了氘氚聚变反应，并产生了 3.15MJ 的聚变能量输出。此外，超快透射电子显微镜系统通过将飞秒激光整合到透射电子显微镜中，同时具备电子成像系统的高空间分辨性能和超快激光的高时间分辨性能，可从空间和时间的基本维度来理解光与物质相互作用，并观测皮秒量级相变等基本物理过程[17]。

1.3　数字化、智能化成为重要发展趋势，重大工程科技问题攻关亟待突破

近几年来，伴随着人工智能、数字信息等技术的发展与融合，光学工程领域逐步进入到了多学科融合的跨越式发展阶段，新技术领域、新交叉方向不断涌现。其中，数字化、智能化的光场调控及应用已成为光学工程领域演进的重要趋势，在激光技术、光学成像、激光通信等各个技术方向都得到了广泛应用和体现。例如，基于光场相位和能量的局域化调控，数字光学有望替代传统的模拟光学技术，实现光学数字化设计、光学数字化加工及光学数字化调控等功能。当前，数字光学已成为国际前沿研究热点，光学工程领域国际主要学术组织及会议纷纷组织相关议题。自 2017 年开始，国际光学工程学会(The International Society for Optics and Photonics，SPIE)已连续举办了 4 次"数字光学技术大会"(SPIE Digital Optical Technologies)，以讨论数字光学技术的最新进展及其在激光光源、光学成像、光学传感、激光制造等领域的应用。此外，智能光学设计、矢量光场调控、计算光学等技术方向也得到了国际同行的广泛关注。针对智能光学设计技术，2022 年欧洲光学学会(European Optical Society)专门出版了《人工智能时代的光学设计》专题[18]；针对矢量光场调控技术，SPIE 和美国光学学会(OPTICA)先后举办了"Structured Light、Structured Light with Digital Holograms、Complex Light and Optical Forces"等多个专题会议及研讨会；而针

对计算光学技术，OPTICA 专门设有"Computational Optical Sensing and Imaging"会议，SPIE 则自 2016 年开始每年都举办"Computational Imaging"系列会议。

除了上述发展趋势，重大工程科技问题的攻关近年来也成为全球光学工程领域关注的重点。例如，2023 年 3 月，中国光学工程学会根据光学工程领域的技术演进趋势以及实用化、工程化问题，提出了 2023 年度光学工程领域的 5 个重大工程技术难题，包括如何实现 EW(10^{18}W)超强激光、如何构建超大型空间光学装置、如何实现高功能密度感存算一体光电集成芯片、如何实现在原子电子本征尺度上的微观动力学实时实空间成像，以及如何实现高时空分辨率的全球重力梯度测量。此外，如何实现异质异构跨尺度制造、如何实现高效高性能多尺度激光制造、如何突破 3D 打印材料纯度限制等问题也成为跨尺度/三维激光制造方向面临的重大工程科技问题，已逐步成为该领域的全球共识性难题。

1.4 光学产业链持续升级、规模不断增长，成为全球经济新增长极

21 世纪被称为"光子时代"。近年来，随着光学技术、人工智能、5G 通信、先进制造等技术的快速发展，全球光学相关产业链规模不断增长，并已成为全球经济产业中的重要一环。以核心光学和光子组件为例，根据 SPIE 发布的《2022 年全球光学及光子学产业报告》，其全球市场规模预计将在 2023～2024 年达到 4000 亿美元。

特别地，在新材料、新能源、新一代信息技术、先进制造、空天海洋等战略性新兴产业的多极需求驱动下，以太阳能、激光显示、激光雷达、光刻机等为代表的先进光学及光电子技术加速突破与应用，加速了全球光学产业链优化和升级进程，成为改变全球经济发展格局的重要力量，为加快形成新质生产力注入了新的科技创新力量。

(1) 随着全球"双碳"战略的实施与推广，能源转型迎来关键阶段，太阳能发电行业发展进入快车道。除了光伏发电、光热发电等传统太阳能发电方式，太阳能制氢、空间太阳能发电站，以及辐射制冷、智能窗户等新型能源光科学与技术也引起了各国的广泛关注。其中，随着光伏技术逐渐成熟、经济性逐渐提升，世界各国不断推出光伏能源政策。2022 年 8 月 16 日，美国总统拜登签署了《通胀削减法案》。该法案计划投资 3690 亿美元用于应对气候变化，将重点支持电动汽车、光伏、储能等清洁能源产业的发展。2023 年 3 月 16 日，欧盟委员会发布《净零工业法案》，旨在加快欧盟能源转型、实现绿色制造回流本土，以保证到 2030 年，欧洲风电场所需的 85%光伏电池都在欧洲本土生产。此外，美国参议院正在讨论《2023重塑美国太阳能供应链》计划，旨在通过政府资助和政策支持重塑美国太阳能供应链，增强美国国内的太阳能设备制造及供应能力。值得一提的是，美国建设了首个空间太阳能电站验证装置，并已于2023年2月开展在轨实验。

(2) Micro-LED、轻薄化成像系统等技术的发展，持续推动虚拟现实(VR)/增强现实(AR)/混合现实(MR)等产业的发展，相关产业链日益成熟，即将进入快速发展阶段。

在产业政策方面，2022 年 10 月工业和信息化部等五部门联合发布了《虚拟现实与行业应用融合发展行动计划 (2022-2026 年)》，提出"到 2026 年虚拟现实终端销量超过 2500 万台"的具体目标，并将近眼显示技术作为关键技术融合创新工程，重点推动 Fast-LCD、硅基 OLED、Micro-LED 等微显示技术升级，并要求提升全产业链供给能力，推进 4K 以上新型显示器件的量产规模等。在产业技术方面，索尼于 2023 年 2 月推出了 PlayStation VR 2(PSVR 2)应用，其 OLED 显示屏实现了 110°水平视场、2000×2040 单眼分辨率、90/120Hz 刷新频率，其整机重量仅为 560g。Meta 于 2023 年 6 月推出了液晶显示屏的 Meta Quest 2(更名前为 Oculus Quest 2)，其单眼分辨率为 1832×1920、重量仅为 503g，且具有动态可选刷新频率 (60/72/90/120Hz)。2023 年 6 月 6 日，苹果正式发布首款空间计算设备 Apple Vision Pro，该设备内屏采用索尼供应的两片 Micro-OLED，单片尺寸仅为 1.42 英寸，单眼分辨率达 3400×3400。

(3) 激光雷达、光学相机等是实现驾驶环境自主监测的关键元器件。随着汽车行业从 L2 向 L3 级别智能驾驶转变，激光雷达、光学相机等相关光学产业进入高速发展时期，相关新产品不断涌现。例如，全球著名激光雷达公司 Luminar Technologies 于 2023 年 2 月推出了基于全固态数字微镜阵列扫描技术的 Iris LiDAR 产品，其视场范围达 120°×28°，最大检测距离 600 米，每平方度分辨率为 300 数据点。自 2022 年 11 月开始，禾赛科技陆续推出了 FT120、AT128、ET25 等激光雷达型号产品，为不同场景下的自动驾驶应用提供了支撑。

(4) 以光刻机为代表的先进光学加工装备已成为全球产业链升级的重要基础。例如，荷兰 ASML 是目前全球唯一具备极紫外(Extreme Ultra Violet，EUV)光刻机制造能力的厂商，可以用于构建亚 5nm 节点的微电子芯片；激光巨量转移装备被认为是解决 Micro-LED 转移难题的关键技术装备，其转移效率可以达到传统转移技术的数倍，激光微加工系统厂商 3D-Micromac、Coherent 相关公司等已经推出了试验性的激光巨量转移装备。其中，德国厂商 3D-Micromac 的 Micro CETI 巨量转移平台的转移精度为 2μm，系统可转移 1.3 亿颗芯片每小时。

(5) 此外，光电探测等技术持续突破，有效推动了光通信、光学成像等相关产业领域发展。例如，2022 年 7 月，英国国防科技公司奎奈蒂克(QinetiQ)成功演示了一种通过激光通信系统控制的机载无人平台，可用于加强未来隐蔽、低探测概率作战的军事能力。2022 年 4 月，Teledyne 技术公司推出了集成连续变焦光学镜头和先进图像处理技术的的 Neutrino SX12 ISR1200 高性能中波红外(Medium Wave length Infrared，MWIR)相机模块。该模块基于 Teledyne FLIR 公司的焦平面阵列(Focal Plane Array，FPA)、近衍射极限光学元件和长寿命线性斯特林制冷技术，平均无故障时间为 25000 小时，分辨率为 1280×1024，像元大小为 12μm。2023 年 4 月，雷神(Raytheon)公司宣布推出下一代基于人工智能(AI)的光电传感系统 RAIVEN 系列产品，其被称为"具有革命性的光电智能传感能力"，将使飞行员能够更快、更准确地识别威胁。

第 2 章　我国发展现状

自 1952 年创建光学工程学科以来，经过 70 余年的发展，我国在光学工程领域经历了从跟跑、并跑到部分领跑的发展阶段。随着光学技术及其多学科交叉融合趋势的发展，光学已成为支撑我国重大战略需求和国民经济发展的关键技术。近年来，我国在光学工程领域进行了顶层设计，并在高能激光光源、光通信、数字光学等领域的重要方向上进行了一系列布局。例如，国家发展和改革委员会设立了软 X 射线自由电子激光装置(FLASH)、硬 X 射线自由电子激光装置(SHINE)、跨尺度矢量光场时空调控验证装置(TIFO-TF)等大科学装置项目，科技部、国家自然科学基金委员会等部门相继在微纳光学、矢量光场调控等方向部署了重大研究计划，有力支撑了我国光学工程的建设和发展。

在双碳、数字经济等光学工程相关战略和行业方面，我国历来重视行业政策的顶层设计，积极部署相关政策，有效带动了上下游产业链建设和发展，为加快形成新质生产力、构建现代化产业体系提供了基础支撑。例如，2021年 12 月，工业和信息化部等五部门联合印发了《智能光伏产业创新发展行动计划(2021-2025 年)》，旨在"十四五"期间有效引导行业智能升级，促进光伏产业健康发展，从而推动光伏发电的大规模应用，使我国保持全球光伏制造第一大国和装机应用第一大国地位；2022年10月，工业和信息化部等部门发布了《虚拟现实与行业应用融合发展行动计划(2022-2026 年)》，旨在瞄准数字经济需求，以虚拟现实核心软硬件的突破提升产业链韧性，以虚拟现实行业应用的融合创新构建生态发展新局面，以虚拟现实的新业态推动文化经济新消费。

总体而言，我国光学工程当前正处于快速发展时期，学科交叉融合特征明显、交叉创新成果不断出现，相关科技进展持续获得突破，应用市场规模也逐年增长。然而，由于我国整体的基础研究和高端制造基础较为薄弱，光学工程领域仍存在缺乏国产光学专用设计软件、高端精密光学仪器及设备研发能力不足、产业链及标准体系不完善等问题，导致我国光学工程领域的发展与西方国家相比仍存在一定差距，尤其在高端光刻、光学精密测量等国家重大需求领域仍受制于人。

2.1　我国在光学工程领域取得了一批具有国际影响力的重要成果，光学科技创新能力逐渐凸显

自 20 世纪 90 年代以来，随着纳光子学、表面等离子光学等理论的发展，以及光场调控、微纳加工等技术的不断进步，光学研究逐渐从标量模式进入了矢量模式，从宏观微尺度进入到了亚波长尺度，诞生了以矢量光学、平面光学、数字光学等为代表的新研究方向。上述方向诞生时间较短，相关理论和技术研究仍处于高速发展阶段，中国与西方发达国家几乎都站在同一起跑线上。自 21 世纪初以来，我国科学家主动把握了上述重要发展契机，围绕亚

波长尺度光与物质相互作用、矢量光场调控理论、超分辨成像及光刻等方向开展了大量的基础和应用基础研究工作。经过二十余年的发展，当前我国已在相关领域取得了诸如时空涡环、弹性冰单晶微纳光纤、悬链线光学等代表性成果。

此外，在产业方面，我国立足于绿色能源、高速通信网络等国家重大需求，积极布局并推动了光伏、光通信等光学相关产业的发展，在全球产业赛道中占据了优势地位。以光伏产业为例，据国家能源局统计，截至 2023 年底，我国光伏发电累计并网容量约为 6.08918 亿千瓦。而在光通信产业方面，我国已建成全球最大、最完整的光通信产业体系，其中光通信设备、光模块器件、光纤光缆等部分关键技术达到了国际先进水平。截至 2022 年底，我国已建成全球最大的光纤通信网络，光纤总里程接近 6000 万千米。值得一提的是，2022 年 8 月，我国开通了量子保密通信城域网——合肥量子城域网(包括 8 个核心站点、159 个接入网站点，光纤全长 1147 千米)，为下一代网络通信基础设施建设奠定了产业基础。

2.2 光学仿真及设计自主可控程度低，国产化替代有待加强

光学仿真及设计软件是设计、优化光学元器件及系统的基本工具，也是实现各种光学应用的前提基础。当前，光学仿真及设计软件已涉及光学研究及应用的各个领域，如激光通信、激光雷达、集成光学、微纳光学、自适应光

学、光伏产业等。然而，全球通用的光学仿真及设计商业软件(Zemax、CODE V、VPI、FDTD Solutions、COMSOL Multiphysics 等)几乎被国外垄断。我国在该领域基础薄弱、国产研发能力不足、自主可控程度较低，在很大范围内限制了我国光学工程的发展。

此外，与微电子行业非常成熟的电子设计自动化(Electronic Design Automation，EDA)软件相比，光学领域仍缺乏专用的光子设计自动化(Photonic Design Automation，PDA)软件，严重限制了面向大规模光子器件的研发能力。当前，国外已有 PDA 的相关布局，但我国仍处于起步阶段。因此，亟须在光学仿真及设计方面提高研发能力，争取早日实现国产化替代。

2.3　高端精密光学仪器及设备研发能力不足，亟须建制化攻关

随着光学技术的发展，高端精密光学仪器已成为研究天体演化、宇宙起源、生命起源等重大科学问题的关键工具。同样，高端精密光学仪器及其技术手段的进步可以大幅提升科技创新效能，催生重大原创成果，同时还可为航空航天、智能制造、新材料、新能源等国家重大需求领域的发展提供重要支撑。

世界主要科技强国高度重视高端精密光学仪器及设备的研发，并取得了重大科技创新成果及重大经济效益。例如，美国利用先进的大尺度光学精密加工及检测设备，建成了激光干涉引力波天文台、詹姆斯·韦伯空间望远镜等

一批大科学研究装置，并取得了引力波探测、小行星撞击探测等重大科学成果。此外，以被誉为集成电路产业皇冠上的明珠——光刻机为例，其包含了数十万个零部件，涉及全球数千家供应商的核心专利技术(包括德国 Zeiss 的光刻物镜、美国 Cymer 的光源、荷兰 ASML 的集成技术等)。其中，荷兰 ASML 在 45nm 以下的高端光刻机市场占据了超过80%的市场份额，其单台 EUV 光刻机售价超过 6 亿元人民币，毛利率高达 45%，所牵引的集成电路产业规模高达数万亿元，为其国家的经济社会发展起到了重大推动作用。

精密机械加工、精密光学测量等高端工业基础薄弱，以及光学仪器专业人才队伍缺乏、资金前期投入少、研究布局分散等众多原因，导致当前我国光学仪器仍处于中低端链条，而在高端精密光学仪器方面研发能力较弱，国产高端精密光学仪器存在技术落后、指标先进性不足、稳定性及可靠性差等问题，相关高端精密光学仪器严重依赖进口。特别地，高端精密光学仪器及设备被"卡脖子"已成为限制我国经济高质量发展的瓶颈。例如，近年来美国联合荷兰、日本等国家限制全球高端光刻机面向中国的出口和转让，使我国在高端光刻机市场受制于人。因此，我国亟须利用集中力量办大事的举国体制优势，开展高端精密光学仪器及设备的建制化攻关，为重大科学探索及国家经济发展提供重要支撑。

2.4　光电信息产业链不完善，光学工程标准体系有待加强

建立完善的光电信息产业链以及统一的标准体系，是

推动光学及光电产业健康、可持续发展的前提。与西方发达国家相比，我国的光电信息产业链尚不完善，标准体系建设也有待进一步加强。

产业链方面，与国外相比，我国尚未形成科学研究与产业协同发展、相互促进的良好生态，迫切需要发展自主可控的光电信息产业链，增强产业链的安全、稳定发展能力。以光子芯片产业链为例，当前西方国家已经形成了从基材、晶圆、设计、代工、模块、设备到应用的完整产业链。与之相比，我国光子芯片产业链仍不完善，存在代工能力有限、国产化程度较低、自主可控风险较大等不足，亟须推动"政产学研用"合作创新。

标准体系方面，西方国家历来重视标准建设，在光学上下游产业链上都建有丰富的产业及标准联盟。整体而言，我国在光学工程标准体系研究及编制方面较国外仍有一定差距。实际上，我国现有的标准体系架构大多参考西方国家标准，存在与我国国情及行业现状有一定程度脱节、标准体系更新迭代慢、时效性不强、难以满足行业应用需求等问题。当前，我国已意识到光电信息产业链及标准体系建设与实际应用需求之间的差距，开始积极推动产业链及标准体系国际化工作。

第3章 我国发展的未来展望

光学工程是新一代信息技术、新材料、新能源、先进制造等众多战略性新兴产业的关键支撑，在加快形成新质生产力、推动我国产业链升级等方面具有重要作用。虽然我国近年来在光学工程领域取得了举世瞩目的发展成就，但与西方发达国家相比仍然存在明显差距，已成为我国经济高质量发展面临的重要瓶颈之一。

3.1 建立健全举国攻关体制，完善科技评价和激励制度

围绕高端精密光学测量仪器、高端光学制造等"卡脖子"领域，推行并建立健全新型举国攻关体制，有目的、有体系地开展建制化攻关研究。加强符合光学工程及其产业发展需求的科学文化建设，破除"造不如买，买不如租"的错误思想，引导"集中优势、长期攻关"的战略定位，树立"自力更生、艰苦奋斗"的正确文化导向。针对光学工程多学科交叉性强、应用领域广等特点，加快推进光学工程领域科技成果评价体系改革。根据科学及技术问题属性，分类评价、多维度评价光学科技成果。坚持尊重科技创新规律，全面准确评价科技成果的科学、技术、经济、社会、文化价值。

3.2　加强光学人才队伍建设，加大弘扬光学科学家及光学工匠精神

创新性人才是光学工程学科和产业持续发展的基础。未来应当发挥我国人力资源的优势，优先培育多学科人才队伍，重点推动光学工程的多学科融合创新发展，积极培养兼备专业技能和统筹规划能力的复合型人才，促进我国从人力资源大国向人力资源强国转变。完善人才评价体系，加快建立人才分类评价机制，解决我国在高端技术人才、高端产业人才以及具有战略眼光的管理人才等方面的结构性短缺问题。加强对光学科学及光学工程领域有重要贡献的科学家、企业家的宣传工作，加大弘扬光学科学家精神、光学工匠精神。

3.3　加大光学新技术新赛道布局，完善未来产业政策体系

面对人工智能、5G/6G 通信、深空探测、智能制造、绿色能源等发展契机，积极探索光学智能设计、矢量光场时空调控、光子集成、3D/4D 激光打印等光学新方法及新技术，加大布局 AR/VR/MR、3D 激光雷达、光子芯片等光学未来产业新赛道，并积极培育新质生产力。在对地高分辨成像、深空通信等国家重大需求以及高端光刻等"卡脖子"产业领域，加大尝试与发展光学产业新技术路线，谋划弯道超车甚至换道超车。

根据未来产业发展的不同阶段，制定不同的政策体系，发挥政策的引领作用。加快支撑未来产业发展的关键技术、关键零部件、关键材料等完整链条的培育，积极引导产业链升级。培育光学工程产业链和创新链，提升光学行业的产品质量和服务水平。

3.4　加强开放合作，推动政产学研用协同发展

光学工程学科发展需要打破学科、单位、团队之间的壁垒，充分利用全国各单位、各学科的资源优势，由国家相关部委牵头成立光学工程及相关产业联盟，搭建政府、科研院所、企业、市场、资本之间的桥梁。鼓励科研院所、高校、企业之间的科研合作，推动我国在光学工程领域的国际合作。引导有能力、有技术优势的市场主体积极参与国际大科学工程，在关键核心领域搭建更多的国际科技交流合作平台，以我国为主体布局谋划国际光学工程合作项目，积极打造有利于国际光学工程交流合作的创新生态。

总之，在科技创新发展、科技自立自强等新格局时期，我国应该重新全面梳理光学工程发展现状，在巩固和加强我国当前优势方向的同时，厘清我国光学工程相比国外的短板与不足，重塑光学工程领域政策及环境，加快培育光学新产业新赛道，推动数字化、智能化光学技术赋能新质生产力，积极、大胆走出具有中国特色的光学工程发展之路。

第4章 研究热点与亮点

如图 4.1 所示，近年来国内外围绕光学理论及智能光学设

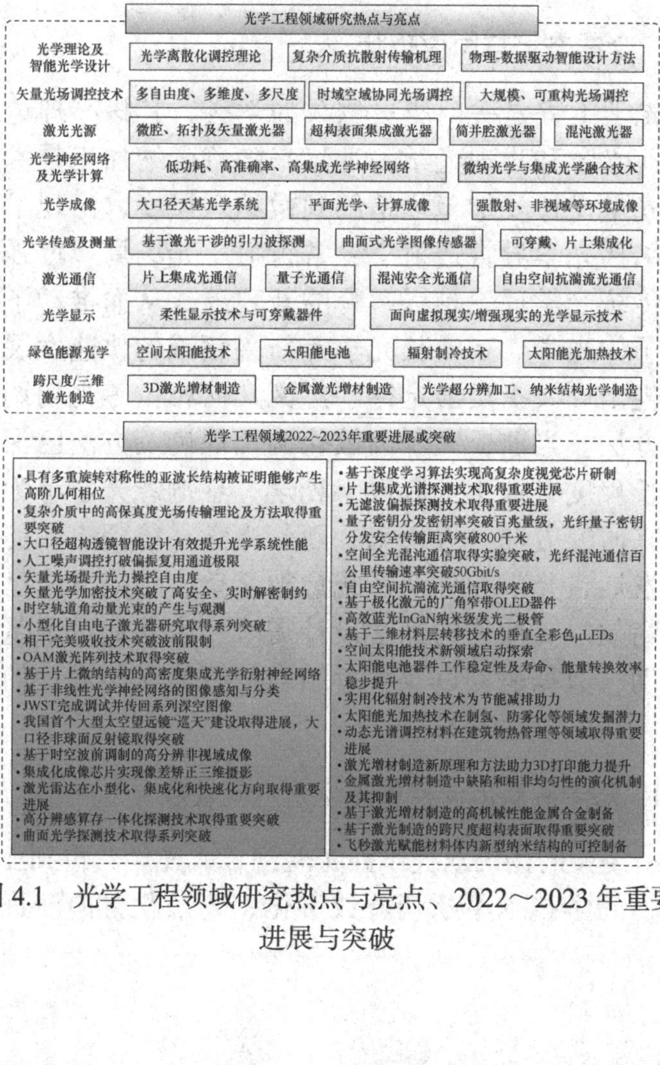

图 4.1 光学工程领域研究热点与亮点、2022～2023 年重要
进展与突破

计、矢量光场调控技术、激光光源、光学神经网络及光学计算等光学工程方向进行了深入研究，并在多方面取得了重要进展，本章将重点介绍相关领域的研究热点及2022~2023 年重要进展和突破。

4.1　光学理论及智能光学设计

4.1.1　全球态势与国内现状

光学工程是一门历史悠久的学科，其核心理论基石是几何光学和物理光学。近年来随着微纳加工技术的突破，光学设计及加工可精细到微纳米尺度，出现了包括微纳结构光学异常透射、异常折射、光场局域增强等一系列传统光学理论难以解释的新现象，从而推动了表面等离子体光学、亚波长光学等新兴领域的快速发展，逐步衍生出广义折反射定律、广义几何相位等光场调控理论及方法。当前，光子离散化调控理论及方法已深入到亚波长尺度，催生了以数字光学、悬链线光学等为代表的新兴研究方向。近年来，随着光学系统朝多功能、集成化发展，光学元件及系统愈加复杂，传统方法已难以满足高效、高性能的光学设计需求，由此促进了基于物理驱动、数据驱动以及两者结合的智能光学设计的快速发展。

1. 光学离散化调控理论体系不断发展

从经典的杨氏双缝干涉实验到二元光学，再到亚波长光学，光学技术不断朝着数字化、离散化方向演进。其中，数字化光学技术的核心在于对光场相位、能量等参量的离散化调控，实现小型化、集成化、高效率的数字光场调控是近年来的主要发展趋势。随着微纳加工技术的快速发展，光学离散化调控理论及方法深入到亚波长尺度，光场相位调控也由单一的传输相位或几何相位调控发展到多机制复合的相位调控[12, 19-27]。特别地，以广义折反射定律、广义几何相位理论等为代表的光学离散化调控理论体系不断发展[28, 29]，为新型多功能集成光学器件及系统的研制奠定了理论基础。

2. 光在复杂介质中的抗散射传输机理逐步得到揭示

由于多重散射作用的影响，光在诸如湍流、海水、浑浊液体等复杂介质中传输时容易发生畸变。如何在复杂介质中实现光场的抗散射传输是光学工程领域长期面临的重要挑战。除了自适应光学等主动调控技术，抗散射光场模式、波前整形等被动调控方法成为本领域的研究热点。近年来，国际上提出了多种复杂介质中的光场抗传输理论及方法。例如，研究表明复杂散射介质中存在一类散射不变的光束模式[30]。该模式在散射介质和均匀介质传播时将产生相同的透射场分布，表现出良好的抗散射传输特性。此外，研究表明矢量光场的偏振分布具有不均匀性，该特性可不受光学系统扰动的影响[31]。结合本征模理论及方法，可以构建抗湍流稳定传输的矢量光场模式[32]。近期，国际上提出了一种结合了模拟光学相位共轭和受激辐射光放大的新型波前整形技术[33]，同时具备高速、高能量增益和高控制自由度等优点。

3. 基于物理-数据驱动的智能设计方法成为光学设计重要工具，新型光学功能层出不穷

传统光学设计方法建立在现有的光学理论基础之上，需要利用光学物理模型进行功能分析和理论推导。例如，利用麦克斯韦方程组可准确解析光学器件的电磁性能；而利用光线追迹法可以获取光束在空间中的传播方式，分析光学系统的性能指标。与传统设计方法相比，拓扑优化、边界优化等逆向设计方法既可用于提升光学器件性能，又可用于开发新型光学功能，已广泛应用于超构表面、集成光学、无序光学等领域[34-38]，近年来逐渐成为光学设计的重要工具。例如，拓扑优化方法可解决传统高数值孔径(Numerical Aperture，NA)超构透镜的聚焦效率下降问题，实现高效率高 NA 的自由形状超构透镜设计[34]；结合琼斯矩阵理论和伴随优化，可将非偏振光转换为任意偏振态和偏振度的出射光[35]；利用拓扑优化方法，可在平面无序光学体系中实现长程有序光子态调控[36]。

上述基于物理驱动的数值仿真方法对算力要求高，且初始结构的选择对研究人员的经验和算法的鲁棒性都提出了挑战。近年来，人工智能、深度网络等技术在光学工程领域得到了广泛应用。通过深度融合智能技术，可以从海量数据中挖掘出光学系统中的隐藏电磁响应特性，以此代替物理模型实现数据驱动方式的快速正向计算和反向推演 [39, 40]。例如，利用全连接神经网络学习纳米天线透射电磁波的实部与虚部信息，可以解决维度失配问题，实现超构器件的快速智能逆向设计[41]。此外，为解决数据获取困难、泛化性及可解释性差等问题，物理-数据联合驱

动的智能设计法逐渐成为研究重点，在单像素成像、热发射器、微纳光栅器件等方向具有重要应用。

4.1.2　2022～2023 年重要进展或突破

1. 具有多重旋转对称性的亚波长结构被证明能够产生高阶几何相位

几何相位又被称为 PB(Pancharatnam-Berry)相位，在光学、量子物理、凝聚态物理等领域具有重要意义。光学中的几何相位源于光在偏振态空间的演化过程，为光场相位和波前调控提供了除了动力学传播相位之外的新途径。传统理论认为，几何相位等于各向异性亚波长结构旋转角的±2 倍。而对于 C3 及以上的高阶旋转对称性超构原子，由于结构在平面内呈现出各向同性，被认为无法产生几何相位[42]。近年来研究表明，具有多重旋转对称性的亚波长结构能够产生高阶几何相位：通过几何对称性和晶格对称性的失配，C3 及以上超构原子可产生几何相位，且其倍率同时依赖于晶格及结构的对称性[29]。例如，C3 超构原子所产生的几何相位为旋转角的±6 倍，而 C5 超构原子在四方形晶格和六边形晶格下所产生的几何相位分别为旋转角的±10 倍和±20 倍。该方法能够成倍放大旋转多普勒频移，提高旋转物体的探测灵敏度[43]。同样，该理论可以扩展至非线性光学几何相位、连续域束缚态几何相位等场景。

2. 复杂介质中的高保真度光场传输理论及方法取得重要突破

矢量光场在诸如湍流、海水、浑浊液体下等复杂介质中的传输演变规律备受关注，但关于矢量光场在任意复杂介质中的传播不变性理论尚未有定论。2022 年，南非金山大学利用本征模方法，构建了在复杂介质中具有高保真度传输特性的矢量光场模式[31]。以矢量涡旋光为例，虽然这些光在传输过程中光强和偏振分布都发生了畸变，但其偏振不均匀特性可一直保持在 93%以上。理论上，对于具有酉正特性的复杂传输信道，可通过酉正反演变换抵消信道扰动的影响，实现无畸变传输的理想矢量光场模式。在此基础上，通过直接计算湍流传输通道的本征模，有望实现不受湍流影响的矢量光场模式[32]。由于湍流本征模式会随着湍流状态的改变而变化，但在毫秒量级内通常可认为大气湍流是静止不变的。因此，上述理论有望应用于浑浊水体、存在光学畸变或热畸变的传输通道等缓变复杂介质应用场景。

3. 大口径超构透镜智能设计有效提升光学系统性能

光学系统的口径决定了角分辨率和收光能力。相同体积重量下，大口径超构透镜的引入可以显著提高光学成像系统的分辨率、灵敏度和信噪比等性能。例如，2023 年宾夕法尼亚州立大学利用深紫外线光刻技术制备了单口径 80mm 的超构透镜，实现了月球表面成像观测[44]。然而，传统人工正向设计方法忽略了亚波长结构的非周期电磁串扰，难以实现最佳工作效率。另一方面，受计算算力的限制，基于物理模型的超构透镜全模逆向设计尺寸通常难以突破 200 倍波长。例如，阿默斯特大学基于伴随边界优化设计了数值孔径 0.75、聚焦效率 65%的超构透镜，其口径约为 61 倍波长[45]。利用快速电磁求解及智能设计方法可实现大口径超构透镜的高效设计，有效提升光学系统性能。2022 年，哈佛大学采用快速近似求解器和伴随仿真方法，在可见光波段优化设计了尺寸大于 1000 倍波长的消色差超构透镜，将聚焦效率从 12.5%提升至 15%[4]。2023 年，中国科学院光电技术研究所提出了一种基于物理-数据驱动的智能优化算法模型，设计并制备了口径约为 645 倍波长、相对聚焦效率为93.4%的超构透镜[5]。

4.2　矢量光场调控技术

4.2.1　全球态势与国内现状

矢量光场具有空间非均匀的偏振态分布。与传统标量光场不同，矢量光场具有复用维度高、紧聚焦能力强、光场操控能力强等特点，在光与物质相互作用、激光通信、光学成像探测、量子模拟等国家重大需求和科学前沿方向具有重要应用。微纳光学的快速发展为拓宽矢量光场调控的自由度、维度、尺度等方面提供了新契机，对集成电路、空天信息以及国防领域具有重要意义。近期，"十四五"国家重大科技基础设施"跨尺度矢量光场时空调控验证装置"(TIFO-TF)正式立项，旨在突破经典光场调控理论极限，实现从"标量光场"到"矢量光场"的调控能力跨越，支撑光学装备的升级换代。

1. 矢量光场调控的自由度、维度及尺度不断拓展

矢量光场调控的自由度、维度和尺度不断被拓展，以提升矢量光场所携带的信息容量和应用功能上限。在自由

度方面，提出了拓扑保护的 2π 拓扑相位调控[46]。此外，偏振度也被作为调控自由度，提出了实心庞加莱球的概念[35]。在维度方面，矢量光场的偏振调控维度从传统二维平面提升到了三维空间[12, 13]，纵向变化的轨道角动量产生和低串扰长景深全息显示也相继被提出[47, 48]。光子的信息复用技术朝轨道角动量、偏振、空间、波长等多维度融合复用的方向发展[27, 49-52]，偏振复用独立信道从典型的正交双通道发展至 11 通道[53]。此外，随着以成像为代表的光学系统对大口径光场调控元件需求的不断增加，跨尺度光场调控技术层出不穷。近期，通过跨尺度矢量光场干涉曝光制备了直径 10cm 的几何相位小 F 数液晶透镜[54]，有望应用到大口径平面光学系统中。同时，可见光超构透镜突破了 12 英寸基片的大规模制造[16]。

2. 光场调控从静态向大规模、可重构方向发展

为满足复杂变换场景的应用需求，可重构光场调控成为近年研究热点，并朝着更快调制速度、更小单元尺寸、更高调制效率、更宽响应波长范围以及更大集成规模等方向发展[3, 55-60]。2021 年，实现了基于 ITO 材料的 2π 相位调制，调控频率达到 5.4MHz[58]。同年，提出了基于光学相变材料 $Ge_2Sb_2Se_4Te$ (GSST)的大规模、可重构、非易失性调控方法，获得了半八度光谱调谐范围和超过 400%的光学对比度[59]。2022 年，利用基于 MEMS 的光开关和硅光单片集成光栅天线，实现了响应速度兆赫兹量级的激光雷达，其单元尺寸为 55μm、像素高达 128×128，并实现了 10m 距离的 3D 成像[60]。

3. 光场调控从空间域迈向时间域以及时空结合

随着超快光学的快速发展，近年兴起了时间域与空间域相互耦合的时空矢量光场调控技术。研究发现，这类时空光场可以具备传统光场所不具备的新型光子学特性，例如实现时间尺度的轨道角动量、高精度三维打印等[14, 15, 61-63]。近年来，更为复杂的时空光场被提出并得以实现，光子横向轨道角动量、光涡环、环形光脉冲等新型时空光场层出不穷[14, 15, 64]。近期，经典的双缝干涉实验也从空间尺度转换至时间尺度，将空间中的狭缝转换为"时间狭缝"，得到了彩色干涉图样[65]。

4.2.2　2022～2023 年重要进展或突破

1. 人工噪声调控打破偏振复用通道极限

二阶琼斯矩阵能够准确描述偏振光与均匀材料的相互作用，该体系下的偏振复用技术存在内禀容量极限，即仅 3 个独立偏振通道。2023 年，研究人员通过将人工调制噪声引入琼斯矩阵中，突破了光学超构表面的偏振复用容量极限[53]，在单一超构表面中实现了 11 个独立的偏振通道。此外，该偏振复用技术可以与空间复用[66, 67]、角动量复用[49, 68-70]、角度复用[71]等技术兼容，最终利用单一超构表面产生了 36 种独立的全息图像。相关技术对于高容量光学显示、光学存储、信息加密等发展具有推动作用。

2. 矢量光场提升光力操控自由度

作为一种非接触力，光力广泛用于微粒操控、光镊、光推进等领域，是近年来光学工程领域的前沿研究热点。近年来研究表明，利用光场的偏振及矢量特性能够显著提升光力调控自由度。2022 年，国际上提出了一种尺寸约 2μm、质量约 2 pg 的微型光驱动"无人机"[72]，通过控制两束入射光的偏振态与强度可实现三个自由度的独立操控。同年，研究人员在非金属微粒中发现了与入射光自旋角动量方向相反的"负光力矩"，并揭示了不同偏振态与三棱柱结构相互作用时的转矩作用机制[73]。2023 年，英国伦敦大学报道了一种利用相干椭圆散射的腔冷却方法，实现了纳米颗粒捕获、平移、旋转等六自由度的操控[74]。此外，近期研究表明光子的偏振态与反常光力效应息息相关，有望用于光学操控自由度的进一步提升[75]。例如，哈佛大学近期验证了共振诱导的光学侧向力与入射光的螺旋度不成比例，并发现该现象的产生与偏振相关耦合相位及共振相位激发的额外螺旋度贡献有关，据此提出了光学侧向力的广义定律[75]。

3. 矢量光学加密技术突破了高安全、实时解密制约

信息安全对于防伪、通信等众多应用至关重要。全光化的信息加密技术是网络及信息安全领域的重要发展方向，但当前光学技术的安全性、加密复杂度以及解密速度之间存在相互制约的关系。2023 年，利用非对称的光子自旋-轨道相互作用[20, 76]，结合空间位错矢量合成方法以及类悬链线结构的空间非均匀偏振选择特性，中国科学院光电技术研究所提出了矢量视觉加密技术，能够同时兼顾高安全和实时解密[27]。基于匹配的矢量解偏器，位于像平面上重叠合成的矢量光场可再现光学密文中的隐藏图

像。相反，普通成像系统所观察到的光学密文呈透明窗口和马赛克图样，而这取决于密文的编码方式是纯相位、纯振幅还是复振幅。整个解密过程由集成化超构相机通过光学成像的方式完成，无须多次测量和额外图像后处理，可以实现"所见即所得"，该系统具有紧凑、实时、便捷等优势。

4. 时空轨道角动量光束的产生与观测

2022 年，上海理工大学和美国戴顿大学利用光学保角变换，在理论上证明了"光学涡环"是麦克斯韦方程的一个新解，并实现了实验验证[15]，相关成果入选"2022 中国光学十大进展"。其中，光学保角映射由两个空间光调制器组成的无焦系统实现，第一个空间光调制器的相位图案用于从管到环的变化，第二个则执行笛卡儿到对数极坐标的转换产生光学涡环，随后利用脉冲激光器进行断面干涉实现光学涡环的表征。相关研究工作为四维时空光场的生成和表征提供了新的思路。

4.3　激 光 光 源

4.3.1　全球态势与国内现状

激光是现代光电技术的基础之一，有效推动了现代信息技术及产业的发展。与传统光源相比，激光具有相干性强、单色性好、亮度高以及方向性好等优点，在通信、传感、显示、存储、生物医疗以及工业制造等领域具有广泛应用。近年来，随着拓扑光学、非厄米光学等光学理论的快速发展，以及微腔、简并腔、超构表面等光腔调控技术的突破，新型激光物理及器件已成为光学及光学工程领域的国际前沿热点。特别地，为满足激光通信、精密测量、生物医疗、激光加工等应用领域的多样化需求，当前激光光源正朝着小型化、集成化、矢量化、阵列化、多功能化等方向演进。

1. 微腔及拓扑激光器取得重要进展，矢量激光器成重要发展方向

微腔及拓扑激光器是微纳激光领域的两大重要方向。利用拓扑光学、非厄米光学等光学理论，微腔及拓扑激光器有望实现低阈值、抗缺陷的矢量激光及激光阵列输出。例如，宾夕法尼亚大学利用超对称模型构建了高维微腔激光器阵列，并通过超对称耦合原理设计伴随损耗阵列，使二维激光阵列超模式中只有一个模式处于激发阈值之上，从而实现了具有相位锁定功能的高相干性、高同步性高维超对称微激光器阵列[77]。该激光阵列具有高辐射度、小发散角和单频激光发射等特点，且能量密度提高了两个数量级。以色列海法技术研究所利用光在拓扑平面内的传播特征，设计了由两种不同六棱柱晶格单元构成的垂直腔面发射激光阵列，使其在晶格结构边界形成拓扑保护态。通过拓扑强制锁定机理，可使所有激光器以单一频率发射并处于相干激发态，为大规模相干激光阵列提供了有效技术手段[78]。2022 年，宾夕法尼亚大学提出了基于微腔非厄米耦合的超维度自旋轨道微腔激光器。其利用波导操纵两环形腔中激光模式的耦合系数，并通过调控不同区域内的泵浦强度及温度范围，可使辐射到自由空间中的矢量激光

态映射到 Bloch 超球面上，从而实现高维叠加态的高保真度产生及调控[79]。丹麦技术大学利用 Fano 干涉的连续域束缚态抑制量子涨落，实现了基于连续域束缚态的超相干 Fano 激光器。与现有微型激光器相比，该 Fano 激光器的线宽可降低到 1/20 以上[80]。

2. 超构表面持续赋能激光器领域，超构表面集成激光器功能不断推陈出新

超构表面是一种二维形式的超构材料，可在亚波长尺度实现光场振幅、相位、偏振和光谱等多维参量调控，并具有平面化、轻量化、易于集成等优势，在激光器内腔及外腔调控方面具有重要应用价值。近年来，随着超构表面多维光场调控技术的不断突破，超构表面在激光器领域得到了广泛应用，并不断推动超构表面集成激光器的创新发展。例如，哈佛大学通过在外腔激光器中集成超构表面，利用超构表面的独立光场调控能力实现了任意大偏转角度的光束控制，并可将入射激光衍射成大角度范围的高斯、螺旋和贝塞尔光束，从而实现了具有任意光束控制能力的紧凑型波长可调外腔激光器，为激光外腔调控、光束整形等提供了新的技术手段[81]。斯坦福大学设计了一种高 Q 值手性超构表面(手性抑制比＞10∶1)，其在一个方向上通过特定偏振激发拉曼散射，实现激光输出；而其反射光(或时间反转信号)则在超构表面腔中受到大幅抑制。因此，该超构表面腔既可作为相干光源又能作为光隔离器工作，为多功能集成光学器件提供了新的研究思路[82]。意大利纳米科技中心利用超构表面的光场调控能力，通过在简并腔激光器内部插入调制相位和振幅的掩模，结合简并腔自成像特性，实验验证了具有高模式纯度和拓扑缺陷自愈等特性的 10×10 涡旋激光阵列[83]。此外，法国里维埃拉大学提出了基于琼斯矩阵超构表面的 VCSEL 单片集成激光器，并实现了片上自旋去耦、相位整形等功能。具体而言，通过对圆偏振态进行独立相位调控(包括双通道全息投影、偏振相关偏折调控等)，展示了琼斯矩阵超构表面在集成激光器中的重要应用前景[84]。

3. 简并腔激光物理及激光阵列研究成为国际热点

与传统 FP 腔不同，简并腔激光器内部采用 4f 成像系统，使得腔内任一平面的光场分布经过一个周期后能够实现自成像。对于简并腔激光器而言，任何横模光场分布都是其本征模，且这些本征模都是简并的。因此，在完美的简并腔激光器中，所有横模的 Q 值和激发阈值都相同，其输出激光具有横模模式多、空间相干性低等特点，在散射介质成像、通信等领域具有重要的应用价值。近年来，简并腔激光物理和激光阵列等方面研究取得了重要突破。耶鲁大学将简并腔激光器应用于超构表面全息领域，通过调整简并腔激光器中的横模模式数目，有效提高了超构表面全息图像的均匀度，从而实现无伪影全息[85]。以色列希伯来大学提出利用简并腔可克服完美吸收器中完美吸收模式的限制，理论上对于任意波前的入射光可实现 100%完美吸收[86]。同年，魏茨曼科学研究所通过在简并腔中引入随机相位涨落，实现了激光横模模式的结构控制。研究表明，随着相位涨落特征尺度的降低，简并腔激光器中横模空间重叠将减少，从而抑制了横模之间的增益竞争，可实现更多的激光横模模式输出[87]。此外，魏茨曼科学研究所还利用简并腔激光器研究了 PT 和 anyonic-PT 对称等特殊的非厄米哈密顿对称性。通过复耦合的混合色散和耗散特性，可以控制对称性和对称性破缺的产生位置[88]；通过调节同一系统之间的耦合，还可实现特殊的 PT 和 anyonic-PT 对称性。该工作揭示了激光同步和非厄米哈密尔顿对称性之间的新关系。

4. 宽带、微型混沌激光器成为新的研究热点

混沌激光器在混沌安全通信、随机数发生器、混沌雷达等领域具有重要应用。近年来，宽带、微型混沌激光器成为新的研究热点。上海科技大学通过对带间级联激光器施加外部光学反馈，实现了中红外宽带超混沌光源[89]。李雅普诺夫频谱分析表明，该混沌信号具有三个非负的李雅普诺夫指数，并且覆盖了高达吉赫兹级别的宽频范围。此外，在分叉为超混沌之前，该带间级联激光器可产生周期性振荡或低频波动。中国科学院半导体研究所利用微腔半导体激光器激射模式间的非线性耦合，实现了半导体激光器在自由激射状态下的混沌输出，并实验验证了 10Gbit/s 的物理随机数输出[90]。该方案工作在直流电注入条件下，无须外部光反馈和光电反馈，可直接实现混沌激光的输出。

4.3.2 2022～2023 年重要进展或突破

1. 小型化自由电子激光器研究取得系列突破

自由电子激光器的相干辐射输出范围可覆盖远红外到 X 射线波段，并具有极高亮度，被认为是第四代光源。当前，国际上正在运行或筹建的自由电子激光装置规模都在数百米到千米级。中国科学院上海光学精密机械研究所利用基于激光尾场加速器的电子束来放大波荡辐射，典型激光波长 27nm，最短波长可达 10nm 级。其单脉冲辐射能量最高可达 150nJ，且最后一段波荡器中能量增益高达 100 倍，从而将自由电子激光装置由千米级缩小为十米级[91]。该工作证明了基于激光尾场加速器进行自由电子激射的原理，并为开发小型化 X 射线自由电子激光器提供了基础。2022 年，中国科学院上海光学精密机械研究所实验研究了飞秒激光驱动的超短电子脉冲泵浦表面等离极化激元 (Surface Plasmon Polariton，SPP)的动力学过程，通过观测 SPP 相干放大的动态过程，阐述了自由电子与 SPP 作用过程中的受激放大机理，为发展小型化、集成化的相干光源提供了技术支撑[92]。2023 年，以色列魏茨曼科学研究所通过将种子源引入激光等离子体加速器驱动的自由电子激光器中，实现了对辐射波长的控制，将辐射波长拓展至 EUV 波段[93]，为研制更小规模的自由电子激光器提供了技术支撑。

2. 相干完美吸收技术突破波前限制

相干完美吸收是一种激光的时间反演过程。理论表明，通过精确匹配谐振腔体的物理性质可实现对特定光场模式的完美吸收。因此，传统相干吸收器通过在两个平面镜之间放置一个临界耦合吸收器，实现了对垂直入射光的完美吸收。当满足相干吸收条件时，腔体内来自多个往返反射的光会发生相消干涉，从而将全反射率降至零，所有能量都被吸收。然而，对于不同角度的入射光，其在多次往返反射后不再具有相同的空间分布：它们的相消干涉不同步，因此难以实现完美吸收。为解决上述问题，以色列希伯来大学提出了一种利用时间反演简并激光腔的方法，理论上可以克服光场模式的限制，实现对任意波前入射光100%的相干完美吸收[86]。具体而言，通过将普通的低损耗光介质代替传统简并腔中的增益介质，利用简并腔的自成像特性，任意模式的入射光都将在腔体中来回反射，并随着反射次数的增加逐渐被完全吸收。在满足完美吸收耦合条件时，实验中探测到的超过 1000 个光学模式的吸收率接近 95%。该技术突破了传统相干完美吸收对入射波前的依赖，为光学吸收及收集、能量传递、光场调控等应用提供了新的技术手段。

3. OAM 激光阵列技术取得突破

2022 年，意大利纳米科技中心利用超构表面的光场调控能力，通过在激光器腔体内部插入调制相位和振幅调制掩模，结合简并腔自成像特性，实验验证了 10×10 涡旋激光阵列的固态激光器[83]。其利用非厄米机制，在谐振腔中引入了耗散损耗，实现了涡旋光束的空间耦合，从而提高光束的稳定性和相干性。该涡旋阵列显示出尖锐的布拉格衍射峰，表明其具有高相干性和高模式纯度。此外，通过在简并腔内部引入 Talbot 自愈效应，可自动修复涡旋阵列中非周期性拓扑缺陷，从而实现涡旋阵列光束的缺陷自愈调节功能。宾夕法尼亚大学借鉴量子场论中的超对称模型，构建具有相位锁定的相干性和同步性的高维超对称微激光器阵列，并通过对每个激光器单元植入角向光栅，实现 OAM 激光器的相干阵列输出[77]，同时整个激光阵列保持优秀的准直性。值得指出的是，以上方法均可以扩展到矢量光场场景，有望通过调节波长、相位、偏振、轨道角动量等自由度来实现多维结构光阵列，在空间激光通信、成像等领域具有重要应用前景。

4.4　光学神经网络及光学计算

4.4.1　全球态势与国内现状

近年来，深度学习的兴起为人工智能中一系列复杂问题提供了有效的解决方案，包括图像分类、目标检测、自然语言处理、语音处理、生物信息、光学显微术等。现有深度学习硬件平台大多基于 CPU 和 GPU 等电子硬件处理器。传统基于冯诺依曼架构的电子设备将内存和处理单元分开，两者之间的数据传输限制了其速度和能量效率。相比之下，基于光波或光子的光学处理器具有超宽通信带宽、超高处理频率和超低能耗等特性，且光场具有波长和空间模式等多维复用能力，使并行多线程处理几乎没有额外的计算开销。近年来，大规模光子制造和集成技术的出现为光子神经网络的发展提供了新的契机。例如，硅基光子学有望实现大规模、低成本的光学神经网络系统[94]。此外，众多新兴应用领域(如解决非线性优化问题、实时处理多通道千兆赫兹模拟信号等)也在寻找新的计算平台以满足其计算需求。国际上提出了多种集成光子神经网络的新架构，如基于马赫曾德尔干涉仪(Mach-Zehnder Interferometer，MZI)、微环谐振腔(Microring Resonats，MRR)以及波分系统设计的光子神经网络等。

1. 光学神经网络不断朝着低功耗、高准确率及高集成方向发展

大规模、高度集成和低功耗的硬件是光学神经网络的重要需求。为实现典型的计算操作(卷积、矩阵乘法等)，传统光学神经网络需要 N^2 个单元，存在可扩展性低、功耗高等不足。康奈尔大学实验证明了一种基于光学点积的光学神经网络，实现了小于 1 个光子能量的单次乘法演示[95]。利用 N 个超紧凑衍射单元，集成衍射光学神经网络可实现并行傅里叶变换、卷积运算，其尺寸和能耗均大幅降低，并在手写数字图像数据集上得到了验证[96]。此外，高密度光学深度神经网络被证明能够在 $9.3mm^2$ 的光子芯片中实现图像分类任务，整个过程大约在 0.5ns 内，片上网络对手写字母进行了二类和四类分类，准确率分别高于 93.8% 和 89.8%[10]。其中，线性计算通过一个 $5×6$ 的光栅耦合器阵列和光学衰减器实现，各个神经元通过微环调制器的传输特性实现非线性激活函数。

2. 集成光学与超构表面融合成为片上光学计算的重要趋势

对于全光激活方案，光学非线性将引入能量损失，导致当前集成光学神经网络层数有限。近年来，集成光学与超构表面融合成为片上光学计算的重要趋势。光学超构表面是由亚波长结构组成的新型平面光学元件，其可以在亚波长尺度上压缩光场，并具有光场多参量调控能力，为实现光与物质的相互作用提供了新的可能性。当超构表面器件与 CMOS 图像传感器 3D 集成，即可形成一个芯片级的

多任务智能传感架构，从而直接在物理层处理光学信息，有望用于机器视觉、自动驾驶等应用中的低功耗快速图像处理任务。与传统基于MZI和微环结构的片上神经网络相比，基于亚波长结构的片上衍射光子神经网络在单位面积下可集成更多的神经元数目，从而提高集成光子神经网络的计算容量。因此，该方案不仅可以以光速、极低功耗的无源计算方式完成机器学习任务，同时可以基于CMOS工艺进行低成本、大规模生产，有望推动集成光子智能芯片的实际应用。

4.4.2 2022～2023年重要进展或突破

1. 基于片上微纳结构的高密度集成光学衍射神经网络

清华大学提出了一种基于亚波长结构的集成衍射光子神经网络(Diffractive Optical Neural Network，DONN)，克服了空间衍射光学神经网络的体积限制，在提高计算单元集成度的同时减少了系统校准误差[97]。其中，DONN光计算芯片的计算吞吐量可达 $1.38×10^4$TOPS，芯片算力密度达 10^{16}FLOPS/mm^2，能量消耗仅为 10^{-17}J/FLOP。实验结果表明，DONN在数字图像分类任务中的准确率约为90%。上述DONN芯片摆脱了波导数目的制约，更容易实现计算单元的片上大规模拓展，为解决集成光子神经网络的高计算容量问题提供了新的思路。

2. 基于非线性光学神经网络的图像感知与分类

针对空间光学神经网络系统，康奈尔大学利用商业图像增强器作为光-光非线性激活函数，提出了一种用于图像传感的非线性多层光神经网络编码器[98]。与类似尺寸的线性光学编码器相比，该非线性光学神经网络在机器视觉测量基准、流式细胞计数图像分类、三维打印场景物体识别等方面具有优势，因此可降低系统对相机分辨率以及电子后处理复杂性的要求。此外，由于缺乏可扩展的片上光学非线性器件，片上光学神经网络的可扩展性受到了限制。2022 年，宾夕法尼亚大学报道了一种集成式的端到端光子深度神经网络。在每个神经元中，线性计算以光学方式执行，非线性激活函数以光电方式实现，其分类时间低于570ps，且具有大规模可扩展性[10]。斯坦福大学利用非线性交织的 MZI 网络，设计了基于模拟反向传播的硅光子光学神经网络，并演示了原位反向传播。该方案可实现手写图像识别的分类任务，经过训练后，MNIST 图像识别的准确率达到 94%，为光学神经网络加速人工智能提供了一种新方法[99]。

4.5　光 学 成 像

4.5.1　全球态势与国内现状

为了提升成像分辨率，构建大口径太空望远镜成为近年来空间望远镜的主要发展方向。2022 年 7 月 11 日，美国 NASA 公布了詹姆斯·韦伯空间望远镜(JWST)拍摄的彩色照片，其展示了 JWST 的宇宙观测能力，相关成果入选 *Science* 杂志 2022 年度十大科学突破。另一方面太空望远镜的设计与制造需要不断突破光学技术和工程极限，传统依靠光学系统口径增大、系统复杂度增加的成像能力提升范式面临严重挑战。近年来，平面光学和计算成像的不断发展，为突破传统光电成像技术的瓶颈提供了契机：①基于广义折反射的平面光学器件突破了传统几何光学元件的设计范式，可在超薄平面中实现对多维光场参量的灵活调控，具有轻薄化、集成化、CMOS 工艺兼容等优势；②集合了光学、信息处理、数学等诸多领域于一体的计算光学技术，通过后端的计算处理能够从不完整的物理测量中恢复物体的完整信息，突破了传统光电成像体制的限制，有助于降低系统复杂度以及提升散射、非视域等环境下的高分辨、大视场等探测能力。

1. 大口径天基光学系统持续部署，国内外多个空间望远镜、对地观测望远镜投入使用

针对深空探索、对地观测需求，各国加大了大口径天基光学系统部署力度，系统口径不断增大，成像分辨率不断提高，运行维护难度也不断增加。美国 NASA 于 2021年 12 月 25 日成功发射 JWST，2022 年完成部署和调试。其主镜由 18 个独立的六角形镜片组成，镜面由超轻的铍(Beryllium)制造。JWST 使用五层遮阳膜减弱来自太阳的热量，用于保证系统不受外部热源影响，使其处于低温稳定的工作状态；配备了能够记录极微弱信号的传感器和光谱分辨率极高的光谱仪。作为口径最大的天基深空望远镜，JWST 将用于研究早期宇宙中形成的第一批星系，并透过尘埃云观察形成行星系统的恒星。

近年来，我国在空间光学系统研制、发射、运行等方面也取得了重要进展。2022 年，我国发射了高分三号 03星、高分十二号 03 星、高分五号 01A 星、高分十一号 04

星，高分专项工程空间段建设任务现已全面完成。经过十几年的研制、发射、运行，"高分"系列卫星形成了覆盖全色、多光谱到高光谱的宽带探测能力，从光探测到雷达探测的多类型探测方式，运行轨道覆盖太阳同步轨道到地球同步轨道多种类型，构成了一个时空分辨率高、光谱分辨率能力强的对地观测系统。此外，利用"夸父一号"的全日面矢量磁象仪，我国首次在空间环境开展了太阳磁场观测活动，并获得了高质量的太阳局部纵向磁图，为高时间分辨、高精度的太阳磁场观测奠定了良好基础。

2. 超构平面光学与计算成像两个前沿方向不断融合发展

平面光学和计算成像作为两个独立的研究领域均取得了显著的突破。近年来，平面光学和计算成像两个前沿领域呈现出不断融合的发展趋势，衍生出新型"计算平面光学"技术，相关优势逐渐凸显。

(1) 平面光学前端可以实现多功能单片集成，在偏振光谱成像、消色差大视场偏振成像、三维成像和距离测量、大视场高分辨成像等高性能多维光学计算成像方面具有显著优势。鉴于此，美国国防高级研究计划局(Defense Advanced Research Projects Agency，DARPA)已部署包括极端光学和成像(Extreme Optics and Imaging)计划在内的多个项目，以期利用平面微纳结构功能材料，打破传统光学定律的限制，在单一器件上同时实现强度、偏振和光谱探测，使新元件、功能和体系不再受传统极限的制约。

(2) 平面光学前端可以实现全光空间差分成像、宽角傅里叶变换、定量相位梯度成像，甚至可以构建基于超构表面的全光神经网络。因此，可以将部分信息处理放在光学前端，利用光学模拟计算低功耗、高并行的特点完成信息的高效预处理，将图像重建速率提高一个数量级以上。

(3) 平面光学前端可以实现更加灵活的波前编码、更加集成的偏振和光谱调制，以实现单位面积下的最大信息采样，从而提高成像分辨力；此外，平面光学的光波衍射模型较为直观，更容易进行数学仿真和优化设计，从而降低正则化约束条件限制。

3. 强散射、非视域等环境下的成像能力得到进一步提升

传统光学成像技术难以探测到视线以外的区域，如被障碍物遮挡的目标等，因而存在信息感知的盲区。新兴的非视域成像技术打破了这一限制，通过向中介面发射激光，并接收在中介面、非视域目标表面发生漫反射的光子级回波，经算法重建后，能够实现隐蔽目标的观测。这一颠覆性探测技术使得非视域目标无所遁形，在自动驾驶、医疗成像、灾难救援、安防反恐等领域具有重大的应用潜力。在非视域成像方向，得益于光场调控技术和单光子探测器技术的发展，非视域成像的分辨力和成像距离不断提高。2021 年，美国西北大学提出了一种基于合成波全息的非视域成像(Non-Line of Sight，NLOS)体制[100]。通过两个相近波长产生更长的合成波，可以有效克服非视域成像过程中散射的影响，提高成像分辨力。同年，中国科学技术大学实现了 1.43 千米的远距离非视域成像，完成了成像距离由米级到千米级的提升[101]。在散射介质成像方面，得益于不同视场、不同波长下散射介质点扩散函数(Point Spread Function，PSF)的低相关特性，基于普通黑白相机即可实现快照式的大视场[102]和多光谱成像[103, 104]。

4.5.2　2022～2023 年重要进展或突破

1. JWST 完成调试，传回系列深空图像，系统光学性能得到验证

JWST 经过半年时间的调试，于 2022 年下半年开始进入工作状态。在行星物质分析方面，利用 JWST 的红外光谱分析系统，针对距离地球约 700 光年的系外行星 WASP-39b，通过检测该星经过其他恒星时的光谱吸收曲线，分析了该星的光化学特征。根据 4μm 波长处的吸收特征，首次在系外行星大气中检测到二氧化硫；利用 2～4μm 的光谱曲线，测量了该星的大气金属丰度和碳氧比，发现了钠、钾、水蒸气等其他大气成分。上述成果表明，JWST 在系外行星探测方面具有重要能力。

2. 我国首个大型太空望远镜"巡天"建造取得进展，大口径非球面反射镜取得突破

我国首个大型空间巡天望远镜(Chinese Survey Space Telescope，CSST)建造取得进展，预计 2024 年发射。巡天望远镜发射升空后，将运行在约 400 千米高的近地轨道，与中国空间站同轨运行，具备在轨维护升级的能力。该望远镜兼具大视场和高像质的优异性能，重点开展近紫外—可见光—近红外波段的巡天观测。同等深度和精度基础上，视场是哈勃望远镜的 300 倍以上。

近期，中国科学院长春光学精密机械与物理研究所制造出 4m 直径的 SiC 非球面反射镜。通过水溶性常温消失模和凝胶铸造、纳米精度高效复合制造、重力卸载等技术手段，解决了复杂结构铸件的均匀性、制造工艺精度和效率、检测准确度和精度、改性层应力控制等技术难题，验证了大口径非球面 SiC 反射镜的优异性能。反射镜表面形状测试精度优于 6nm RMS，膜层厚度不均匀性小于 5%，最终表面图形误差和粗糙度分别为 15.2nm RMS 和 0.8nm RMS[105]。

3. 基于时空波前调制的高分辨非视域成像

在提高成像分辨力方面，为了在无先验信息的条件下实现高分辨率、无伪像的非视域成像，加州理工学院提出了"不可视的非视域投影光学孔径能见度增强返回聚焦技术"(Unseen Non-line-of-sight Casted Optical aperture Visibility-Enhanced Return focusing，UNCOVER)，即通过波前整形直接将照射在墙壁上的光汇聚到非视域物体上[106]。利用波前整形将光聚焦到隐藏的目标上，随后对焦点进行光栅扫描实现对隐藏物体的主动成像。该方案实现了高分辨率非视距成像，在距离为 0.55m 时分辨率约为 0.6mm，距离与分辨率之比为 970。中国科学技术大学利用脉冲泵浦的频率上转换探测技术，在近红外波段实现了 1.4ps 时间分辨率的单光子探测，并结合长波泵浦和时间域滤波方法，将探测器暗计数降低至 5Hz[107]。在此基础上，实现了视域外目标物体的高精度三维重构，其横向空间分辨率达到 2mm，纵向空间分辨率达到 0.18mm。

在散射介质多维成像方面，传统散射介质成像技术需要在成像前对散射介质进行量化表征。此外，由于普通散射介质的光场调制能力有限，传统散射成像系统对波长及偏振不敏感，难以同时实现偏振、波长、深度、二维空间等多维成像。中国科学院光电技术研究所设计了一种基于几何相位的定制化液晶超构表面，其空间散射光学特性更为稳定可控，且作为编码掩模不需预先表征[108]。此外，利用几何相位的自旋相关调制原理、色散聚焦和散射介质记忆效应，液晶随机散射超构表面具有对偏振、波长和深度敏感，而对二维空间不敏感的散射特性，因此可以根据其点扩散函数对成像目标实现五维信息编码。与介质/金属超构表面相比，液晶超构表面的制造工艺更简单，且更利于大规模加工。

4. 集成化成像芯片实现像差矫正三维摄影

清华大学提出了一种集成的扫描光场成像传感器(元成像传感器)，在不需要改变探测器硬件的情况下实现高速畸变校正的三维摄影[109]，相关工作入选"2022 年中国光学十大进展"。元成像传感器是通过振动编码的微透镜阵列捕获超精细的四维光场分布，从而在后处理中灵活而精确地合成复场调制图像。使用该传感器，无须事先提供数据即可使用单个球面透镜实现高达千兆像素的高性能摄影。即使在动态大气湍流的情况下，元成像传感器也能在 80 厘米的地基望远镜上实现 1000 角秒的多点像差校正，同时不降低采集速度。

5. 激光雷达在小型化、集成化和快速化方向取得重要进展

现有商用 LiDAR 设备存在帧率慢、分辨率低等不

足。法国国家科学研究中心提出了一种基于亚波长微纳结构的 LiDAR 技术，利用超快小视场偏转器与亚波长微纳结构级联可同时实现大视场(150°)和高帧率(kHz)[110]。2022 年，加州大学伯克利分校开发了一种具有 16384 像素的固态激光雷达，它具有宽视场(70°×70°)、精细寻址分辨率(0.6°×0.6°)、窄光束发散角(0.050°×0.049°)、高速的接入波束寻址(MHz)等性能，并且所研制的芯片 COMS 工艺兼容，可作为 3D 传感器应用于自动驾驶汽车、无人机、机器人和智能手机等领域[60]。

自动驾驶、机器人和增强现实等新兴应用要求每秒百万像素点采样，以支持实时视频速率成像。瑞士洛桑联邦理工学院提出了一种高效扫描的双孤子微梳技术，其具有 64 个光通道，可以每秒百万像素的线扫描测量速率实现相干测距和测速[111]。此外，北京大学提出了一种新型的固态激光雷达方案，即并行混沌激光雷达。该方案使用片上混沌微梳产生并行混沌序列，用于解决激光雷达中的时间和频率拥塞问题，实现了毫米级测距精度和毫米每秒级速度分辨率[112]。该技术突破了时域及频域拥塞限制，可在保证测量性能的同时降低系统复杂度。

4.6　光学传感及测量

4.6.1　全球态势与国内现状

光学传感和测量装置用于测量光的强度、偏振、相位、光谱等多维物理信息。基于激光干涉、光学图像传感、光纤及光栅、激光雷达、荧光纳米传感等各类传感及测量技术，可实现光学成像、光谱检测、引力波探测、生物传感等，在航空航天、人工智能、工业物联网、环境监测、医学和生命科学等领域具有重要应用。

近年来，随着高精密光学测量、人工智能等技术的发展，光学传感及测量朝高灵敏、集成化、智能化、多功能化等方向不断融合发展，在引力波探测、小型化可穿戴传感、仿生及智能传感等方面取得了重要进展。例如，近年来随着美国 Advanced LIGO 平台、欧洲航天局 LISA 计划、中国科学院"太极计划"、中山大学"天琴计划"等多项引力波探测项目的推进，人类实现了对距离地球十几亿光年之外的黑洞、双子星等产生引力波的观测，对宇宙探索及精密光学测量技术起到了重要推动作用。此外，在材料学领域，由于具有超薄膜层和独特的能带结构等特性，新兴的二硫化钼(MoS_2)和二硫化钨(WS_2)等二维半导体材料为高性能光电传感器件带来了新的发展契机，使柔性、轻量、透明、生物相容性的薄膜片上多功能光学传感器件成为可能。当前商用光学器件通常只能实现单参量检测，为进一步提高光学测量的维度及功能，亟须突破多维度光学传感与探测技术。此外，随着人工智能技术的发展，智能光学传感技术发展趋势明显，在自动驾驶、智能监控、生物成像等领域展现出巨大的应用潜力。

1. 基于激光干涉的引力波探测取得重要进展

为实现引力波的直接观测，1990 年美国建造了激光干涉引力波天文台(LIGO)，并于 2001 年正式投入使用。由于该平台受振动影响较大无法实现精确测量，2010 年开始进行抗振升级改造，大幅提升了探测灵敏度。升级后，在 Advanced LIGO 的每个探测器中，激光聚焦分成两束后各自通过互相垂直的传输通道，在平面镜之间多次反射后进行干涉，实现对时空形变量的测量；当引力波通过对光束路径长度产生轻微扰动，通过高精度探测器记录该扰动可实现对引力波的测量。2015 年，Advanced LIGO 首次观察到了距离地球十几亿光年之外的两个黑洞及其产生的引力波，其置信度高达 5.1 倍标准差。2016 年，Advanced LIGO 向全球宣布了这一结果，标志着人类首次实现对引力波的探测，相关观测结果获得了 2017 年诺贝尔物理学奖。2018 年，Advanced LIGO 发现了迄今最大的黑洞合并事件和另外三起黑洞合并事件产生的引力波。此外，美国 Advanced LIGO 和意大利 Virgo 天文台合作，共同观测到了由一对黑洞和中子星相互运动合并而产生的引力波脉冲。

在全球竞争形势下，我国于 2015 年开始发起面向空间引力波探测的"天琴计划"。"天琴计划"的地心轨道方案在国际上被称为空间引力波探测的"中国方案"。2018 年，"天琴一号"由国家航天局正式批准立项，并于 2019 年在太原成功发射。2020 年，"天琴一号"开展了约 30 小时的地球重力场应用试验。在此期间，"天琴一号"卫星关键载荷全球导航卫星系统接收机和惯性传感器同时开机，获得了全球 15 阶地球重力场模型、全球重力异常分布网格图、全球大地水准面高分布网格图，并形成了全球重力场数据科学报告，实现了在轨测试总结评估。2022 年，"天琴一号"卫星完成了全球重力场数据测量工作，使我国成为世界上第三个有能力自主探测全球重力场的国家。此外，为观测双致密星系统以及极大质量比双黑洞天体合并时产生的引力波辐射，中国科学院早在 2008 年就开始筹备"太极计划"，并于 2016 年提出探测方案。2019 年，"太极一号"实验卫星成功发射。其将于 2030 年前后完成三颗太阳轨道卫星的发射，三颗卫星组成边长 300 万千米的等边三角形编队，并采用激光干涉方法直接探测中低频波段(0.1mHz～1.0Hz)的引力波。

2. 光学传感与测量器件朝可穿戴、片上集成化发展

随着光学传感与测量技术的迅速发展，光学传感产品得到了广泛应用，包括相机、显示器等成像系统中的 CMOS 图像传感器，用于警报系统的非接触式自适应光感器件，用于生物医学和医疗保健领域的多参量光谱分析仪等。当前，为满足智能穿戴、AR/VR、智能芯片等重要应用需求，光学传感及测量器件正朝可穿戴、片上集成化等方向发展。例如，传统光谱探测技术主要依赖于体式光栅光谱仪，存在体积庞大、结构复杂、造价昂贵等不足，已无法满足轻量化、可穿戴、集成化、复合光场探测等应用需求。此外，大多数微型光谱仪需要大量的光电检测元件来捕捉入射光的不同光谱成分并重建光谱。因此，光谱仪的尺寸无法摆脱对探测器数量的依赖。随着消费电子时代的到来，仪器便携性需求越来越高，光谱仪小型化与集成化已成下一步发展趋势。与之相比，片上光谱仪在尺寸、重量、功耗及稳定性等方面具有先天优势，片上集成的光谱探测技术已经成为新型感知、智能芯片等重大需求的核心支撑技术。

3. 受仿生视觉启发，光学图像传感器朝曲面化发展

仿生视觉成像技术可以提升光学成像系统的分辨率、图像捕获速度及光线动态感知范围，降低硬件复杂性，保证不同光照条件下的稳定检测能力，在智能驾驶、实时视频分析等领域具有重要应用。现有人工视觉系统主要基于硅基CMOS技术，其由感光和电流刺激功能模块组成，需要光敏电路和电流刺激模块之间复杂而高带宽的互连，不可避免地增加了系统复杂性和冗余数据传输。受生物眼启发，曲面成像系统具有视场大、像差小、系统简单、边缘照度一致性好等诸多优势，可在实现超大视场成像的同时，保证焦点均匀性和降低成像像差。此外，传统的平面图像传感器为消除角落畸变，通常需要多个透镜。而曲面成像系统只需一个平凸透镜，可大幅降低制造成本和系统复杂性。当前，曲面器件制备工艺难以与成熟的平面微纳制造工艺兼容，曲面图像传感器仍处于初步研发阶段。现阶段主要通过曲面激光直写等微纳加工技术、柔性平面阵列弯曲、曲面拼接技术以及平面器件的曲面微转印技术等实现曲面光学传感器的研制，在航空侦察、天文观测、空间遥感、地理测绘等多个大视场、高空间分辨率成像应用领域具有重大意义。

4.6.2　2022～2023 年重要进展或突破

1. 高分辨感算存一体化探测技术取得重要突破

中国香港大学、复旦大学基于二硫化钼光电晶体研制出一种生物启发的视觉传感器，表现出随时间变化的激活和抑制特性[113]。通过在二硫化钼表面引入电荷陷阱态，

可在不同照明条件下实现器件光敏感性的动态调节。传感器的光强依赖特性符合韦伯定律，其中感知的刺激变化与光刺激成正比，在不同照明条件下动态调节传感器的光敏感性，有效感知范围达到 199dB，覆盖人眼感知范围(40dB)及自然光变化范围(280dB)，且远高于商用硅基图像传感器感知范围(70dB)，有助于降低后续电路和算法的复杂性，同时有望提升智能驾驶应用安全性。

此外，机器视觉应用的快速发展要求硬件能够在一个单片机中感知和处理视觉信息，以避免冗余数据传输。为此，中国香港大学等单位研制了一个单片视觉增强芯片，该芯片具有光传感、存储器、数模转换和处理功能模块[114]。基于单原子层两英寸 MoS_2 晶圆，由 8582 个光电探测器集成为 619 个光电感存算一体的像素单元，研制了晶圆级二维半导体机器视觉增强芯片(10mm×10mm)，展示了光传感、存储和人工机器视觉应用处理等多功能应用，动态光敏感知范围大于 90dB，对明暗场景具有良好成像能力；同时设计 MoS_2 模拟处理电路，实现单个成像传感器的动态光电流调节，具有仿生人类视网膜神经元特性。

为提高光学器件对复杂环境的适应能力，需进一步开发新型形状可调的光学成像系统，主动适应不同场景的成像需求，其关键在于提升成像系统的光电性能和机械稳定性[115]。为此，韩国首尔大学和成均馆大学提出一种可拉伸颜色敏感的高性能半导体纳米复合材料，在弹性半导体聚合物中混合尺寸调谐的 CdSe 量子点，从而获得高效率的电荷转移，制备了一种形状可调的 5×5×3 复用 RGB 多路光电晶体管阵列，并采用深度神经网络算法补偿光学像差及噪声，即使在各种机械变形下也能提高图像感知精度。

2. 曲面光学探测技术取得系列突破

高分辨力曲面加工是曲面光学探测技术应用面临的重要难题。通过设计自由转动基台，精密调配基台与激光运行轨迹，可在曲面基底上制备衍射透镜。然而，针对多层结构探测器，仍需进一步攻克曲面自动聚焦、成膜均匀性等曲面微纳加工技术难题，相关技术在国内外尚处于研发阶段。此外，可通过平面微纳加工工艺在柔性基底上制备探测器阵列，然后将柔性基底拉伸形成曲面，从而实现曲面光电子器件的制备。美国西北大学提出在聚二甲基硅氧烷(Polydimethylsiloxane，PDMS)基底上制备硅基光电探测器，通过将 PDMS 双轴拉伸固定形成具有一定曲率半径的曲面探测器阵列，并初步验证了仿生人眼相机功能[116]。

结合光学微纳加工技术与微转印技术，根据弹性印章/器件、器件/基底界面竞争分层可实现探测器在不同基底上的转移，从而制备曲面探测器。美国西北大学、首尔国立大学、科罗拉多大学、普渡大学、吉林大学和清华大学等多个科研单位基于平面阵列曲面微转印技术，相继研制了具有宽视场、深景深、无像差图像采集能力的曲面图像传感器，通过超薄设计、折纸、岛桥、分形网络和纳米线原位生长等制备策略不断优化成像性能同时降低曲面应力对器件性能的影响，制备了可动态成像的仿生电子眼，提升了其与光学系统的集成度[117]。此外，微转印技术可结合结构化设计减小应变影响，在实现大曲率曲面探测器阵列方面具有优势，但大面积大规模转印工艺以及高效电极引出策略仍有待进一步开发，曲面探测器的成像分辨率有待进一步提升。

3. 基于深度学习算法实现高复杂度视觉芯片研制

人工智能是一种模拟和扩展人类智能的技术，其中人工神经网络能够快速提高单个特定任务的性能，例如图像识别、语音识别和自然语言处理等，多路复用的人工智能系统可以大大提高计算规模和并行度。在人工智能发展需求的驱动下，涉及新型材料和先进器件的技术不断涌现，也为高复杂度的视觉芯片研制提供了新的契机。耶鲁大学提出了"几何深度光学传感"概念，强调了经典几何和量子几何以及深度神经网络给智能光学传感应用带来的机遇与挑战[118]。此外，研究人员相继在智能光传感芯片领域取得系列进展。耶鲁大学在扭曲双层石墨烯(Twisted Double Bilayer Graphene，TDBG)中观察到可调谐的中红外波段(5μm 和 7.7μm)体光生伏特效应(Bulk Photovoltaic Effect，BPVE)，利用双曲石墨烯可调的 BPVE 作为编码器，卷积神经网络算法作为解码器，基于$3μm×3μm^{[2]}$的亚波长结构器件实现对光的偏振、功率和波长信息的同时探测，打破了以往光探测器只能探测单维度信息的限制，推动了片上光探测技术的发展，为宽光谱智能光传感芯片的研制提供了全新思路[119]。同济大学利用亚波长超构表面单元的偏振复用方案构建多通道分类器的框架，结合神经网络算法实现了对手写数字和时尚物品的并行识别；超构神经元的面密度达到 $6.25×10^6/mm^2$，并随着通道数成倍增加[120]。宾夕法尼亚州立大学基于单层二硫化钼(MoS_2)光电探测器阵列，开发二维有源像素传感器技术，每个像素使用单个可编程光电探测器，大大减少占用空间和能耗，利用栅极可调谐持久光电导，实现 $3.6\times10^7AW^{-1}$ 响应度、约 $5.6\times10^{13}Jones$ 比探测率、80dB 高动态范围降噪能力，且具有良好的光响应均匀性。

4. 片上集成光谱探测技术取得重要进展

2022 年，南京大学和哈尔滨工业大学联合团队在微型光场光谱成像系统上取得了进展。其研制了 48×48 个 TiO_2 超构透镜阵列，每个超构透镜的直径为 30μm，包含了超过 25000 个 TiO_2 纳米柱和纳米孔，工作波段为 400～667nm。通过大幅提升 TiO_2 超构表面的加工工艺，成功研制出超构透镜阵列样品，实现了微尺度下同时集成光谱和深度信息采集的 4D 动态成像系统[121]。耶鲁大学开发出一种超微型中红外光谱仪[122]。该光谱仪采用了单个可调谐的黑磷(Black Phosphorus, BP)光电探测器，其有效面积仅为 $9\times16μm^2$，光谱测量范围为 2～9μm。此外，沙特阿卜杜拉国王科技大学与纽约州立大学联合设计并制备了一种基于等离子体"彩虹"芯片的双功能智能光谱仪[123]，可以区分可见光谱(470～740nm)上的不同照明峰值。

5. 无滤波偏振探测技术取得重要进展

针对现有圆偏振光探测的难题，新加坡国立大学提出了一种片上集成圆偏振光探测器[124]。该器件具有极大区分度(左右旋光实验区分度 84)、高选择性(选择比大于10)、高响应度(392V/W)以及高灵敏度($0.03°\ Hz^{-1/2}$)等特点。新加坡南洋理工大学利用同时实现双极线性和圆偏振检测的方法，开发了单片全斯托克斯探测器[125]。其采用等离子体手性超材料中的偏振度依赖性光热效应和二维热电材料中的塞贝克效应，展示了用于线性和圆偏振检测的实验室温中红外光电偏振敏感光电探测器。此外，线性和圆偏振检测的极性转变可以通过器件通道内手性超材料的空间和几何构型来实现。中国科学院上海技术物理研究所构建了由铁电畴定义的黑磷(BP)同质结光电探测器，具有超灵敏的偏振光响应[126]。该 BP 光电探测器室温下在 1450nm 入射光下表现出 288 的超高偏振比、1.06 A/W 的大光响应率和 $1.27 \times 10^{11} cmHz^{1/2}W^{-1}$ 的高探测率。

4.7 激光通信

4.7.1 全球态势与国内现状

作为现代信息社会的关键支撑技术之一，激光通信是光学工程领域的重要发展方向。其中，提高通信容量、增强通信安全性是激光通信的两个重要发展目标。近年来，随着数据中心、5G/6G 通信、天地一体化网络等应用需求的大量增长，高速、高安全性激光通信技术得到了快速发展，片上集成高速光通信、量子/混沌安全光通信、自由空间抗湍流光通信等方向成为全球研究热点。此外，鉴于激光通信的宽带大、发散角小、安全性高、抗干扰能力强、频谱免费等优势，当前世界各国持续部署空间激光通信，建设高速空间激光通信网络已成为全球共识。

1. 片上集成光通信技术进展显著，相干通信容量不断突破

片上集成光通信可实现集成芯片之间的高速数据互

连，在数据中心、5G/6G 网络等领域具有重要应用[127]。近年来，随着微纳加工技术的不断开发，片上集成光通信技术取得了重要进展，相干通信容量持续不断突破。2021年，洛桑联邦理工学院利用硅氮化物集成光梳和半导体光放大器，实现了亚纳秒级(<520ps)的切换，并成功传输了25Gbit/s 的非归零(Non-Return to Zero，NRZ)和 50Gbit/s 的四级脉冲幅度调制(PAM-4)脉冲模式数据[128]。华中科技大学提出了基于表面等离子体的高速石墨烯相干光接收芯片，结合零差相干探测和离线数字信号处理技术，成功实现了 200Gbaud QPSK 以及 60Gbuad 16QAM 信号传输[129]。该芯片具有大带宽、低功耗、低延时、微米量级尺寸等特点(响应度为 0.1A/W、响应带宽大于 67GHz)。

丹麦技术大学制备出一种绝缘衬底铝镓砷纳米波导，结合高阶相位匹配和 C 波段相干收发机，在1.15km 空芯光纤上实现了 2μm 波段的 318.25Gbit/s 奈奎斯特波分复用相干传输验证[130]。电子科技大学利用片上集成克尔光频梳作为多波长载波光梳以及多波长本振光梳，结合泵浦传递、光学分频等方法，实现了载波光梳与本振光梳的频率相位锁定[131, 132]。在 5km 光纤信道下多个载波与本征之间拍频线宽小于 100Hz，降低了相干光通信中频率估计和相位补偿算法的复杂度。

2. 实用化量子通信研究成为重要趋势，安全性及安全速率不断突破

基于量子叠加态、量子纠缠以及海森堡测不准等量子原理，量子通信可实现无条件安全的信息传输。然而，由于实际器件性能及工作环境限制，实用量子通信系统存在

一定的安全性风险。近年来，安全量子光通信的实用化研究成为重要趋势，其安全性及安全速率不断取得突破。其中，与器件无关的量子密钥分发(Device-Independent Quantum Key Distribution，DIQKD)可基于不可信设备，在不可信的信道上生成量子安全密钥，是当前实现实用化量子通信的重要技术，近年来取得了一系列重要进展。

2022 年，德国慕尼黑大学利用单铷原子纠缠，在距离 400 米的两个远程用户之间开展实验，实现了基于 Bell 不等式的 DIQKD，其 Bell 不等式违反量达到 2.578(高于经典极限 2)、量子比特误码率为 0.078[133]。法国巴黎-萨克雷大学利用离子阱量子比特，实验验证了基于 Bell 不等式的 DIQKD，从 150 万个纠缠对中提取了 95628 个独立于器件的安全比特[134]。中国科学技术大学利用低噪声光源及探测器，实验实现了基于高损耗光纤信道(40dB)的远距离双场量子密钥分发(833km)，在相同距离下其密钥率较传统技术提高两个数量级[135]。

2023 年，中国科学技术大学利用片上高速高保真度偏振态调制、八像素超导纳米线单光子探测器等技术，在 10km 标准光纤信道下实现了 115.8Mbit/s 的量子密钥分发[136]。此外，该团队还实现了不需激光器锁频锁相的安全密钥分发，其密钥分发速率在经过 304km 商用光纤和 407km 超低损耗光纤传输后分别为 19.2bit/s 和 0.796bit/s，比现有技术均提高了三个数量级[137]。

3. 光纤及自由空间混沌安全光通信研究持续突破

混沌激光信号具有对系统参数敏感、长期不可预测、震荡(或相变)时间尺度短等物理特性，能够从物理层保证光通信的安全性。混沌激光通信具有与现有商用通信系统兼容、安全速率高、通信距离远等优势，长期以来是安全光通信领域的研究热点。近年来，光纤和自由空间信道上的混沌安全光通信都取得了重要研究进展。在光纤信道方面，利用无外部反馈的多模激光混沌光源及混沌模式键控方法，实现了光纤传输距离 160 km、速率 0.75Gbit/s 的高速密钥分发[138]；西南交通大学利用长短程记忆网络混沌模型，在 100km 光纤上实现了 56Gbit/s 的高速混沌通信[139]；上海交通大学利用深度学习技术，在 340km 光纤上实现了 30Gbit/s 的高速混沌相干通信[140]。在自由空间信道方面，美国加州大学洛杉矶分校利用两个单向耦合的量子级联激光器在中红外波长窗口实现了混沌同步，其高维混沌带宽支持 0.5Mbit/s 的传输速率[141]。中国科学院光电技术研究所采用单向注入锁定结构实现了基于大气湍流信道的高速安全通信，在 8.2m 自由空间链路上，实现了 8Gbit/s 的安全通信速率，以及 3.03×10⁻³ 的误码率[142]。

4. 自由空间抗湍流光通信技术成为研究热点，技术方案层出不穷

自由空间光通信是建设高速空中骨干网的关键技术，可应用于 6G、天地一体化通信等未来通信场景。由于大气湍流引起的波前畸变、光强起伏等效应的影响，如何在高速光通信系统中有效抑制湍流效应甚至实现抗湍流光通信，是自由空间光通信领域面临的关键挑战。近年来，随着空间光场调制及模式复用技术的发展，矢量光场调控、导频传输等抗湍流光通信技术不断突破，已成为自由空间光通信的重要研究方向。例如，为解决传统自由空间光通

信中湍流引起的空间光场模式串扰问题，美国南加州大学提出了一种基于导频辅助的自相干抗湍流光通信技术，实验验证了 2Gbit/s 16-QAM 偏振复用的导频辅助自由空间光通信[143]。美国南佛罗里达大学以及罗切斯特大学联合团队提出了空间偏振差分相移键控技术，在中强湍流条件下验证了基于 18 个矢量光束的抗湍流光通信[144]。此外，锋芒光束、贝塞尔光束等其他矢量光场抗湍流空间光通信技术也取得了重要进展。

5. 世界各国持续部署空间激光通信，多个在轨测试任务取得突破

与传统微波通信相比，激光通信凭借宽带高速、安全性高、抗干扰能力强、频谱免费等优势，已成为未来构建空天地海泛在互联网络的重要手段。近年来世界各国持续部署空间激光通信，在天基空基等平台取得重要突破。

美国国家航空航天局(NASA)面向太空数据高速中继场景，提出了激光通信中继演示项目(Laser Communication Relay Demonstration, LCRD)。2021 年 12 月，为该项目所研制的激光通信载荷搭载 STPSat-6 卫星，成功发射到地球静止轨道。LCRD 是 NASA 首个天基光通信中继系统，为保证全天候的稳定中继能力，载荷对地数传链路采用激光-射频混合体制(FSO/RF Hybrid)，其下行通信速率在激光波段为 2.88Gbit/s、在 Ka 频段为 622Mbit/s。2022 年 6～10 月，LCRD 陆续开展了激光通信及大气信道表征、中继操作试验、光基网络服务、操作效率优化、行星/近地中继场景、LEO 中继场景、用户到用户中继场景、直接上行链路/下行链路测试等实验项目。2022 年 11 月，NASA 的

TBIRD(Tera Byte InfraRed Delivery)项目成功完成了太阳同步轨道立方星和地面终端的高速激光通信测试，其通信距离达到了 525km，通信速率为 200Gbit/s。TBIRD 项目激光终端的关键部组件均是成熟且易获取的光纤电信类货架产品，且整个激光终端具有较小的尺寸和重量(体积为 1.8U、重量为 2.24kg、功率为 120W)。2023 年 6 月，中国科学院空天信息创新研究院联合中国科学院光电技术研究所等单位，突破了激光信号快速捕获建链、自适应光学校正等关键技术，在吉林一号卫星上实现了 10Gbit/s 的星地激光通信实验。

此外，2022 年法国空客公司和荷兰应用科学研究组织启动 UltraAir 计划，旨在实现地球静止轨道 (Geostationary Earth Orbit，GEO)卫星和空基平台终端的激光通信(包括大型客机、战斗机和无人机等)。该项目计划验证空基平台和 GEO 之间的激光通信能力，包括 Gbit/s 量级的传输速率、链路的抗干扰能力以及低截获概率，其设计通信速率为 1.8Gbit/s、通信距离为 36000km。

4.7.2　2022～2023 年重要进展或突破

1. 量子密钥分发密钥率突破百兆量级，光纤量子密钥分发安全传输距离突破 800 km

为提高量子密钥分发系统的安全密钥生成率，中国科学技术大学利用集成光子片上高速高保真度偏振态调制(系统重频 2.5GHz、量子比特误码率优于 0.35%)、偏振反馈控制、高速后处理等技术，结合高计数率、高效率单光子探测器(光子计数率 5.5 亿光子每秒、探测效率大于

62%)，在 10km 标准光纤信道下实现了 115.8Mbit/s 的密钥率，将现有纪录提升了约一个数量级[136]。系统稳定运行时长高达 50 个小时，在传输距离 328km 下码率可达 200bit/s。该 QKD 具备百兆比特率的实时密钥分发能力，可满足高带宽通信需求。同年，中国科学技术大学提出了改进的四相位调制双场协议，并提升了光源锁相稳频、高带宽信道相位补偿、高信噪比单光子探测及信号甄别等关键技术，在 833km 的光纤信道上实现了量子密钥分发，安全码率最高提升了上千倍[135]。

2. 空间全光混沌通信取得实验突破，光纤混沌通信百公里传输速率突破 50Gbit/s

在空间混沌激光通信方面，中国科学院光电技术研究所基于外腔反馈结构和单向注入锁定结构，实现了全光宽带混沌信号产生及调制。基于上述结构，在大气湍流环境中实现了高质量的自由空间激光混沌同步，并在 8.2m 实验室环境下实现了高速空间混沌激光安全通信(安全通信速率 8Gbit/s，误码率 3.03×10^{-3})。与电域混沌随机调制、量子级联激光器混沌等空间激光混沌技术方案相比，该方案具有混沌带宽大、安全速率高、误码率低等优势[142]。

在光纤混沌激光通信方面，西南交通大学建立了长短程记忆网络混沌模型，通过学习光电反馈回路的非线性动力学模型并生成混沌波形，实现了发送端和接收端的混沌加密和解密[139]。在此基础上，建立了由不同增益训练模型和不同延迟训练模型组成的深度学习模型池，并利用数字信号驱动接收机和发射机之间的混沌同步来提高该模型的安全性。该方案实现了通信速率为 56Gbit/s 的 PAM-4 信号的混沌加密，并在 100km 光纤信道中实现了低于 7%FEC 阈值的混沌解密。上海交通大学将相干检测与基于深度学习的混沌同步相结合，在 340km 光纤中实现了 30Gbit/s 的 QPSK 混沌激光通信[140]。该方案利用了扩展卡尔曼滤波和恒模算法，在背靠背状态下实现信号的相位加密，然后将其输入深度学习模型进行信号解密。由于损伤算法和混沌同步均在数字域实现，所以该方案的混沌接收机可与商用相干接收机兼容，为高速相干混沌激光通信提供了有效解决方案。

3. 自由空间抗湍流光通信取得突破

美国南加州大学提出了一种基于导频辅助的自相干抗湍流光通信技术。该方案通过同时传输一个高斯数据光束和一个频率偏移的高斯导频光束，可保证两个光束具有类似的模式耦合效应。在接收端利用混合探测可得到模式耦合共轭项，从而实现通信数据光束的模式耦合补偿。在中强湍流条件下，实验验证了 2Gbit/s 16-QAM 偏振复用的导频辅助自由空间光通信[143]。美国南佛罗里达大学以及罗切斯特大学联合团队，利用矢量涡旋光在湍流信道中传输时其拓扑荷之差对湍流条件不敏感的物理特性，提出了空间偏振差分相移键控技术，并用于抑制矢量涡旋光高维编码通信系统中的湍流效应[144]。在中强湍流条件下，实验验证了基于 18 个矢量光束的抗湍流光通信。该方案具有不需自适应光学、成本低等优点，在矢量复用空间光通信领域具有重要应用前景。

4.8 光 学 显 示

4.8.1 全球态势与国内现状

人类的信息收集有 70% 以上依赖于视觉，光学显示技术作为提供视觉资料的主要媒介，是人类科学技术中的重要门类。近年来，光学显示技术随着多样化信息技术的提升而不断进步，尤其是柔性显示、虚拟现实等新型显示技术在技术和产业上都取得了重要进展。

1. 柔性显示技术与可穿戴器件取得多方面进步，科技与产业发展齐头并进

柔性显示技术和可穿戴器件由柔软材料制成的可变形、可弯曲、可折叠的显示装置和电子元件构成。与刚性器件相比，它们具有低能耗、轻薄、不易破碎以及形状可控等特点。当前，柔性显示技术主要包括有机发光二极管(OLED)、电子纸(e-Paper)、液晶显示器(LCD)、量子点发光二管(QLED)、Micro-LED、钙钛矿发光显示器(PeLED)等技术。近年来，在政策驱动以及产业链发展的共同作用下，我国的显示产业取得了长足进步。从 2018 年开始，我国显示面板的出货量稳居世界第一，营收规模居世界第二，总投资额已超过 1 万亿元。产业规模已逐渐超越了日本、韩国，成为新型显示全球第一大产能国，确立了相对的优势地位。

2. 虚拟现实带动多项显示技术在工业领域持续发力

虚拟世界的构建或将成为高效信息交互的关键，当前

AR/VR 设备的龙头企业 Meta(原 Facebook)在 2014 年收购 Oculus，于 2021 年更名为 Meta 后专注于 AR/VR 业务。Meta 分别在 2018 年和 2020 年发布了 Quest1 和 Quest2，其中 Quest2 为当前 VR 头显的现象级产品，占领了绝大部分市场份额。Apple 重点开发 AR 设备，预计在 2024 年推出 MR 头显。此外，微软推出了多代 AR 的 B 端产品，Sony、字节 Pico 等也有 VR 产品发布。然而现有产品均不能通过视觉图灵测试，无法实现虚拟与现实的真正交互，因此，在未来，VR 头显等设备作为认知虚拟世界的眼睛，需要解决辐辏调节冲突、光学失真以及配重过大等问题，满足高分辨率、高动态范围、低光学像差等要求以模糊现实与虚拟的边界。AR/VR 近年来已取得系列进展，但仍需突破光学显示以及光学结构等关键技术。显示技术上，Meta 的 Quest2 采用了 mini-LED，其为背光显示技术，发展较为成熟但设备集成度较低。Quest Pro 使用了 QLED，属于自发光技术，具有超薄、柔性、高色域、低能耗等特点。Apple 重点关注的显示技术为 Micro-LED，具有高亮度、超低延迟等优点，但成本高，被作为未来显示技术的重点。当前主流光学结构为菲涅尔透镜，但其容易产生伪影和畸变。因此，Quest Pro 采取了 Pancake 方案，提高了成像质量，也更为轻薄，但其性能并不足以支撑 VR 的发展。未来，光学结构将朝着大视角、低色差、轻薄化等方向发展。

4.8.2　2022～2023 年重要进展或突破

1. 基于极化激元的广角窄带 OLED 器件

精确控制发光器件的带宽和辐射性质一直是 OLED

领域的重要研究方向。关于极化激元的研究是近年来的热点，其研究成果被广泛应用于集成化元件、光电二极管、单光子光源、弱光探测器等光电应用中。英国圣安德鲁斯大学通过引入额外的辅助强耦合层，突破了 GsAs 体系中弱激子结合的难题，提出了一种普适的基于极化激元的 OLED 制备思路，降低了由淬火工艺导致的性能损失，实现了 20nm 的窄带宽红绿 OLED，并可在保证 10%的外部量子效率的基础上对发光波长进行调控，在 5V 外接电压条件下实现了大于 20000cdm^{-2} 的高亮度发光。另外，通过优化设计腔体结构，可进一步降低 OLED 的色散(在 60°角度偏移下，色散小于 10nm)[145]。

2. 高效蓝光 InGaN 纳米级发光二极管

铟镓氮化物(InGaN)基微型 LED(μLEDs)具有高效率、高亮度和高稳定性等特点，在高性能显示领域具有重要应用。然而随着尺寸的缩小，μLEDs 的外量子效率(External Quantum Efficiency, EQE)会降低。因此，如何实现高分辨率和外量子效率是 Micro-LED 应用于 AR/VR 光引擎的主要挑战。纳米线发光二极管(nanowire LED，nLEDs)拥有同时实现高分辨率密度和高外量子效率的应用潜力。美国中佛罗里达大学借助三维偶极子云模型，对 nLEDs 进行了结构优化，增加了有效光提取效率以及降低了角分布不匹配导致的角度色移[146]。同时，他们将 nLEDs 的有效光提取效率与 μLEDs 进行了比较，在小像素尺寸下 nLEDs 的效率明显高于 μLEDs。为解决尺寸导致的 EQE 降低问题，韩国三星研究了 GaN 表面与侧壁钝化层之间的相互作用。其发现在钝化过程中，最小化点缺陷的产生对于制造高性能的 nLEDs 至关重要。因此，利用溶胶-凝胶法在钝化方面的优势，将 SiO_2 纳米颗粒吸附在 GaN 表面上，从而降低原子间相互作用，该蓝光 InGaN/GaN 多量子阱 nLEDs 具有 20.2%左右的 EQE[147]。2023 年，韩国科学技术院利用外延结构工程的策略制备微发光二极管，其像素尺寸为 $10\mu m \times 10\mu m$，在 $0.1a/cm^2$ 下 EQE 高达 3.0%[148]。

3. 基于二维材料层转移技术的垂直全彩色 μLEDs

μLEDs 已被用于增强现实和虚拟现实显示应用，这些应用需要极高的像素密度和亮度。然而，传统的基于 RGB μLEDs 侧向组装的制造工艺在提高像素密度方面存在局限性。通过堆叠独立的 RGB LED 薄膜和自上而下的制造工艺，垂直 μLEDs 显示屏有助于突破现有 μLEDs 的横向尺寸瓶颈。美国麻省理工学院通过二维材料的层转移技术，实现了高阵列密度(每英寸 5100 个像素)和低横向尺寸(4μm)的全彩色垂直堆叠 μLEDs[149]。具体而言，通过范德华外延、机械释放和叠加 LED 等技术，在二维材料涂层基片上生长亚微米厚度的 RGB LED 薄膜，然后进行自上而下的制造。此外，该团队通过将蓝光 μLEDs 与硅薄膜晶体管垂直集成，实现了有源矩阵操作。

4.9　绿色能源光学

4.9.1　全球态势与国内现状

绿色能源光学最重要的研究领域之一是太阳能发电技

术，主要包括光伏发电及光热发电。其中，光伏发电发展至今，从传统的硅基太阳能电池到化合物半导体太阳能电池，再到以钙钛矿为代表的新型太阳能电池，其太阳能转换效率不断提升。当前，太阳能发电技术已成为国家能源博弈的重要领域之一。得益于国家战略指引，太阳能资源利用率在过去二十年间保持稳定增长态势。

除太阳能发电技术外，面向个人、建筑物、电子产品等热管理的实用化辐射制冷和太阳能加热技术也备受关注。如何有效利用辐射制冷与太阳能加热技术实现居民与工业节能减排，也是绿色能源光学的重点研究领域。另一方面，以热致变色、电致变色等为代表的动态光谱调控技术成为需求牵引的重点发展方向，如何实现灵活、高效的光谱调控，同时挖掘潜在应用需求，是进一步推动相关技术与产业发展的动力之一。

此外，缓解全球气候变化的相关政策在各层面继续加强。从国内看，2021 年 10 月，中共中央、国务院印发了《关于完整准确全面贯彻新发展理念做好碳达峰碳中和工作的意见》。2023 年，国家能源局等三部门联合印发了《关于支持光伏发电产业发展规范用地管理有关工作的通知》。

1. 太阳能替代煤炭等碳密集型能源的趋势明显，太阳能发电行业迎来显著增长

在未来十年，太阳能发电产业将迎来显著增长。2020年，太阳能占全球总发电量的比例为 3.3%，预计到 2030年，比例将增加至 9.0%。其中，太阳能组件及新型太阳

能电池技术的不断进步，有望进一步提高太阳能转换效率并大幅降低制造成本。预计到 2030 年，全球太阳能总装机容量将提高到 1747.5GW。

　　太阳能发电主要包括光伏发电与光热发电。在光伏发电方面，根据国家能源局于 2023 年 1 月 16 日发布的统计数据，2022 年我国光伏发电新增装机 87.41GW，同比增幅 60.3%，在所有发电方式中新增装机排名第一。截至 2022 年底，光伏发电装机总容量达 392.6GW，同比增长 28.1%，2022 年新增装机中，集中式光伏发电新增装机 36.29GW，占比 41.52%；分布式光伏发电新增装机容量 51.114GW，同比增长 75%，占全部光伏发电新增装机规模的 58.48%。国家能源局 2023 年 4 月 27 日发布的数据显示，2023 年，一季度全国光伏新增并网 3366 万千瓦，同比增长 154.8%，其中，集中式光伏发电 1553 万千瓦，分布式光伏发电 1813 万千瓦；一季度全国光伏发电量 1135 亿千瓦时，同比增长 34.9%。全国光伏发电利用率 98%，同比提升 0.7 个百分点。太阳能发电投资完成 522 亿元，同比增长 177.6%。

　　另一方面，光热发电机组在配置储热系统后可实现 24 小时连续稳定发电，是一种高稳定性的可再生能源。截至 2022 年底，我国并网发电、光热发电示范项目共 9 个，总容量 55 万千瓦。2023 年 4 月，国家能源局发布《关于推动光热发电规模化发展有关事项的通知》，提出结合沙漠、戈壁、荒漠地区新能源基地建设，尽快落地一批光热发电项目，力争"十四五"期间，全国光热发电每年新增的开工规模达到 300 万千瓦。

2022 年国家及地方陆续出台的鼓励性政策也催化了"光伏+"项目在 2022 年度快速发展。例如，2022 年 6 月29 日，工业和信息化部、发展和改革委员会、财政部等六部门联合发布《工业能效提升行动计划》，提出创新"光伏+"模式，推进光伏发电多元布局；浙江、安徽、河南、宁夏、四川、上海等地，也纷纷发布能源行业发展规划或碳达峰实施方案，鼓励"光伏+"项目的投资建设。

2. 提高太阳能电池能量转换效率依然是全球研究热点

如何突破当前的能量转换效率极限是 *Science* 杂志 2021 年发布的 125 个科学问题之一。具体到太阳能电池领域，如何提高太阳能电池能量转换效率是光伏技术发展的永恒话题。学术界和工业界在硅基太阳能电池、异质结太阳能电池、薄膜太阳能电池以及以钙钛矿材料为代表的新型有机太阳能电池等技术路线上采用新材料、新方法，致力于提高太阳能电池能量转换效率。目前，传统的硅基太阳能电池最高效率已达到 26%[150]，硅基异质结太阳能电池的最高效率超过 25%[151]，而成本较低的薄膜太阳能电池的最高效率已超过 13%[152]。特别地，新型钙钛矿太阳能电池最高效率在最近几年不断刷新纪录，目前已经超过了传统的硅基太阳能电池[153]。虽然钙钛矿太阳能电池寿命及稳定性不如硅基太阳能电池，但是其具有工艺简单、成本低廉、转换效率高等优势，在太阳能光伏技术领域表现出良好的发展潜力。如何提高太阳能电池，特别是钙钛矿太阳能电池的能量转换效率，是学术界和产业界共同的焦点。

3. 面向个人、建筑物、电子产品等热管理的实用化辐射制冷和太阳能加热技术受到广泛关注

除了常规的太阳能发电技术，利用太阳光加热技术可以实现保温等目的，有助于减少化石燃料及电力的消耗。全球太阳能可利用资源分布不均，在太阳能资源充足的国家和地区，政策引导和资本运作促使太阳能加热技术在最近二十年发展迅猛，特别在一些电力和化石燃料短缺的国家，太阳能加热普及率提升迅速。然而，随着电力覆盖率提升以及太阳能加热存在效率低、地域和季节平均太阳能可利用率波动影响，全球市场增速放缓，近年来太阳能加热的年增长速度低于光伏发电。从全球太阳能加热应用看，小型系统应用市场占比超过 90%，而大型系统正处于规模化发展初期。除了民用太阳能加热外，全球工业供热需求很大，为了提高经济性，需要将太阳能加热与常规能源系统及其他可再生能源系统相结合。在工业供热技术端，整合太阳能与传统加热技术，是近年来的重要发展趋势。

目前，国内太阳能加热技术主要用于民用太阳能热水器，约占国内太阳能加热技术领域 95%的市场份额。然而，太阳能热水器的市场盈利并不出众，原因在于国内电力普及率极高、化石燃料供需良好、幅员辽阔而太阳能资源分布不均。另外，国内亟须拓展工业供热需求。原因在于国内市场对太阳能加热技术稳定性比较担忧，难以替代传统的电力或化石燃料供热。

另一方面，传统的水冷、风冷等技术手段，需要消耗额外的能源，而辐射制冷技术具有不消耗能源、被动降温的优点。由于在全球能源市场用于环境和空间冷却的能源

占比较高，发展无能耗被动降温技术是节能减排的重要手段。利用辐射制冷技术，通过设计具有可见-近红外太阳光高反射及红外光高发射的新材料，可有效降低环境和空间温度，达到被动降温的目的。2022 年全球辐射制冷估值约 21 亿美元，从 2023 年起，每年以 5.3%增速增长，预计到 2031 年全球市场估值能达到 34 亿美元。目前，相关商业产品主要用于金属屋顶建筑/构筑物、模块化数据中心、城市公交候车亭、冷藏车、公共汽车/铁路等。我国辐射制冷技术处于产业化发展阶段，市场亟须进一步挖掘。总体来看，虽然目前有辐射制冷的技术研究进展，但是其商业化应用仍面临系统开发不成熟、功率密度较低等诸多挑战。

4.9.2　2022～2023 年重要进展或突破

1. 空间太阳能技术新领域启动探索

空间太阳能技术可解决地面光照存在昼夜起伏的问题，有望实现全天候太阳能发电。美国加州理工学院建造了一个空间太阳能系统的演示器(SSPD-1)，其可将一个紧紧折叠的太阳能电池模块展开成餐桌大小的平板，全尺寸阵列的模块达 60 米长[154]。该演示器于 2023 年 1 月 3 日发射，2023 年 2 月开始在轨实验。此外，欧洲航天局提出"太阳计划"，预计 2025 年开始研发空间太阳能技术。在我国，西安电子科技大学牵头的"逐日工程"正在开发冠状太阳能采集器，计划于 2028 年将兆瓦级的空间太阳能演示装置送入近地轨道，在 2030 年将空间太阳能系统送入地球同步轨道。

2. 太阳能电池器件工作稳定性及寿命、能量转换效率稳步提升

随着制备工艺水平提高和器件材料体系不断优化，太阳能电池效率不断提升。例如，德国弗劳恩霍夫太阳能系统研究所研究人员通过优化器件结构，平衡器件中载流子传输效率和光生载流子复合损耗，将硅基太阳能电池效率提高至 26%[150]；中国科学院上海微系统与信息技术研究所科研人员通过优化制备工艺，制得效率超过 25%的硅基异质结太阳能电池[151]；中国科学院物理研究所通过优化电池有源区材料体系和制备工艺，将薄膜太阳能电池效率提高至 13.8%[152]。中国科学技术大学将 p-i-n 器件的功率转换效率从 23%提高到 25.5%[155]。

与传统的硅基太阳能电池和薄膜太阳能电池相比，新型钙钛矿太阳能电池具有器件加工工艺简单、原材料及电池生产成本低等优势，但存在寿命短、稳定性差等问题。美国可再生能源所采用钴金属沉积方法，提高了器件可加工性和稳定性，在 1 个太阳光照的室温空气中工作 1200 小时仍能保持 90%的最大效率(24.5%)[156]。上海交通大学与瑞士洛桑联邦理工学院合作在钙钛矿太阳能电池电极上引入石墨烯薄膜提高器件稳定性和寿命，在空气环境 1 个太阳光照下工作超过 5000 小时仍能保持 95%的最大效率(20.86%)[157]；华中科技大学与瑞士洛桑联邦理工学院合作，通过改善有源区组分提高器件稳定性和寿命，器件工作 3000 小时仍能保持 95%的最大效率(21.4%)[158]。

提高钙钛矿太阳能电池转换效率是新型太阳能电池研究的焦点。2022 年，南京大学实现了高效率的全钙钛矿

叠层太阳能电池和组件的制备，其效率达到 21.7%[159]，相关成果入选"2022 年度中国科学十大进展"。该团队近期将全钙钛矿叠层太阳能电池的效率提高至 28%，超过了传统晶硅电池[153]。2023 年，南方科技大学在反式钙钛矿光伏电池领域取得重要突破，该工作将器件效率纪录从 22.20%提升至 25.86%[160]。四川大学通过优化器件制备使宽带隙钙钛矿电池的最高效率达到了 18.46%，该电池获得了经日本电气安全环境研究所(JET)认证的 26.4%转换效率[161]。

3. 实用化辐射制冷技术为节能减排助力

辐射制冷技术研究以实际应用场景为导向，面向个人、建筑物、电子产品等热管理的实用化辐射制冷技术受到广泛关注。以节能减排为目标，实现全天候高效率辐射制冷低(零)能耗是研究趋势[162]。例如，南京大学、中国科学院长春光学精密机械与物理研究所与斯坦福大学联合团队提出了一种串联式辐射/蒸发制冷器件，克服了传统蒸发和辐射制冷的原理性限制，实现了高功率、弱天气依赖性的日间被动制冷[163]。浙江大学提出一种新型辐射制冷设计方法，通过微纳结构改变内外层表面光谱，将密闭空间的有源制冷功耗降低了 63%[164]。中国科学技术大学提出一种能量利用方法，以太阳(约 6000K)和太空(约 3K)为热源和冷源，利用光谱自适应智能涂层解决光热转换和辐射制冷的光谱冲突问题，实现了 24 小时全天候的冷热能量捕获和利用[165]。香港城市大学开发了一种通用的热管理策略，通过使用超薄、柔软的辐射冷却界面，允许通过辐射和非辐射传热来冷却皮肤电子设备中的温度，从而实现大于 56℃的温度降低[166]。

4. 太阳能光加热技术在制氢、防雾化等领域发掘潜力

太阳能技术已从传统的民用太阳能热水器应用逐步向工业供暖应用发展。近年来，太阳能加热技术出现一些亮点，特别是在制氢、防雾化等领域取得重要进展。例如，河北大学采用一种光热材料和红外绝缘材料相结合的异质结构，在不消耗额外能源的情况下，实现了30%的太阳能制氢效率和20天的稳定运行，显示出其工业制造潜力[167]。此外，瑞士苏黎世联邦理工学院提出采用表面微纳结构，利用太阳能实现镜面防雾化的功能，并具备规模化生产的能力[168]。

5. 动态光谱调控材料在建筑物热管理等领域取得重要进展

动态光谱调控技术研究焦点在于如何提高光谱调控宽度、深度、速度和寿命。科罗拉多大学研究人员提出一种由生物聚合物纤维素制成的高度透明的气凝胶，并利用胶体自组装和与卷对卷工艺制备出一种新型窗户[169]。气凝胶的可见光透过率为 97%～99%(高于玻璃)，热导率低于静止空气。该材料可用作多窗格中空玻璃单元内的窗格玻璃，也可以用于改造现有的窗户。芝加哥大学开发了一种水性柔性电致变色设计，用作基于石墨烯超宽带透明导电电极和可逆铜电沉积的建筑围护结构，其中热发射率在 0.07 和 0.92 之间可调，具有较好的长期耐用性[170]。此外，南开大学设计并实现了一种智能自切换零能耗双模式辐射热管理器件。该器件同时具有两组高选择性的特征光

谱，且加热和制冷模式下的特征光谱都与理想光谱相近，能够实现高效的辐射热管理[171]。

　　调控宽度、深度、速度与寿命是动态光谱调控的重要指标。近年来，以石墨烯为代表的二维材料插层技术在光谱调控应用上引起广泛关注[172]。例如，石墨烯具有宽波段(可见光-微波)可调光学特性，其性能与薄膜厚度有关。利用多层石墨烯层间范德华力微弱的特点，使插层体系在层间面内迅速扩散，从而达到改变多层石墨烯光学透过率的目的。通过选取不同的插层组分和体系，可以实现不同波段的光谱调控。未来，二维材料插层光谱调控技术，可与现有的光谱调控技术互补，实现多样化光谱调控设计，特别在提高光谱调控宽度与速度指标上表现出明显的优势。

4.10　跨尺度/三维激光制造

4.10.1　全球态势与国内现状

　　激光制造是一种基于激光与材料相互作用实现材料增/减材制造的加工方法，具有复杂三维结构的跨尺度制造能力，是先进制造的研究热点之一。基于应用需求的差异，激光制造既能将加工分辨率突破至 10nm 以内，又能实现米级金属结构件的增材制造，广泛应用于航空航天、生物医疗、新型能源、消费电子、智能穿戴等诸多领域，如通过激光增材制造完成了 C919 飞机中央翼缘条、主风挡整体窗框等金属部件的制备，助力国产大飞机的自主研发。国内外对于激光制造的研究主要集中于激光与材料的相互作用机理，激光制造新技术与新方法开发，激光制造装备研制，激光制造的分辨率、精度、质量、效率及结构器件的性能提升，以及激光制造的相关应用拓展等。近年来对于激光制造的研究热度持续升高，激光制造在跨尺度制造、增材制造以及光学超分辨加工等领域发展迅速。

1. 新型激光增材制造原理和方法持续涌现，3D 增材制造效率不断提升

激光增材制造可实现高分辨复杂三维结构的无掩模制造，具有广泛的应用前景，是当前先进制造领域的研究热点之一。如何精确、快速、低成本地打印高质量复杂结构/部件物体是加速激光增材制造应用的关键所在。近年来，围绕激光增材制造中的典型科学和技术问题，随着激光-材料相互作用机制的深入研究，新的激光增材制造原理不断被提出，激光增材制造的材料体系突破原有限制，材料种类迅速扩充。随着制造工艺对激光光源要求持续降低，逐步实现了低成本、高效率的激光 3D 增材制造。同时，多焦点并行加工、面加工、体加工、声光扫描并行加工等方法不断优化，加工效率呈数量级提升，高速高分辨率复杂结构的制备能力得到提升。

2. 金属激光增材制造调控能力显著加强，机械性能持续提升

金属激光增材制造可制备铝合金、钛合金、铁基合金、高温合金以及高熵合金等结构，有望实现理想形状的微结构加工及性能调控，是增材制造技术最热门的研究方向之一。金属激光增材制造是一个复杂的热作用加工过程，其微观结构和组织特征决定了成形件的机械性能。近年来，在重大需求和前沿探索的双重驱动下，面向极端严苛的应用场景，通过激光与金属相互作用机理的不断揭示，金属激光增材制造能力显著加强，机械性能持续提升。一方面，通过理论仿真，结合原位 X 射线成像、热成像技术以及纹影成像等检测技术，揭示了熔池内的快速多瞬态动力学行为及缺陷的形成机制，并提出了缺陷控制/消除方法，有效提升了金属构件的机械性能和一致性；另一方面，通过调控材料组分、微观结构和物相构成，大幅提升了金属构件的机械性能，如屈服强度达到-1300MPa，大均匀伸长率达到 14%[173]。

3. 光学超分辨加工能力与尺度极限大幅提升，新型纳米结构制造取得突破

衍射极限是光学微纳制造研究中的核心问题，无论是激光直写技术或是光刻技术，其加工分辨率都受到衍射极限的限制。微球透镜[174, 175]、纳米球光刻、扫描探针光刻等近场技术和受激发射损耗(Stimulated Emission Depletion，STED)、飞秒激光多光子吸收等远场技术被开发并应用于超分辨光学加工。然而，随着纳米光电子学研究的不断深入及其应用的不断拓展，对光学超分辨技术的加工能力提出了越来越高的要求。目前光学超分辨加工领域主要围绕超分辨加工新理论新技术、超分辨三维加工和特定材料超分辨纳米结构制备及其应用等方向开展研究。近年来，国内外研究团队依托飞秒激光超分辨加工技术的多光子吸收特性和真三维加工优势，不断拓展其超分辨加工能力，在纵波超分辨加工技术(分辨率 $\lambda/80$)[176]、直写三维无机纳米光刻(分辨率 $\lambda/30$)[177]、材料内部三维纳米光

刻 [178, 179]等方面取得了重要进展，实现了光学超分辨三维加工技术从微米尺度到纳米尺度的突破，稳步提升超分辨光学加工的三维制造能力，有效促进了三维纳米光电子集成器件加工技术的发展。

4.10.2 2022～2023 年重要进展或突破

1. 激光增材制造新原理和方法助力 3D 打印能力提升

2022 年，瑞士洛桑联邦理工学院利用激光诱导产生高能载流子修饰纳米晶体表面局域电子状态，提出了基于光激发诱导化学键合的 3D 打印新原理[111]，并开发了一种不依赖聚合的激光直写技术，实现了超光学衍射极限分辨率的任意 3D 量子点微纳结构的制备，最小线宽达到 77nm。此外，研究人员基于双色双步吸收机理，利用图像投影提出了一种高速率的光片 3D 微打印技术[180]；在通过 440nm 连续激光进行图像投影和 660nm 连续激光进行光片处理，体素体积为 $0.55\mu m^3$ 的情况下，实现了 7×10^6 voxels/s 的峰值打印速率。哈佛大学利用三态融合上转换实现了体打印[181]，激发所需的激光为小于 4mW 的连续激光(637nm)，其激光功率密度比基于双光子吸收的 3D 打印所需的激光功率密度低几个数量级，具备更高的打印速度。美国加州大学伯克利分校提出了一种针对熔融二氧化硅组件的微尺度计算轴向光刻(Micro-CAL)的体增材制造技术[182]。其通过层析照射聚合物和二氧化硅纳米的复合材料，然后烧结，实现了光滑表面和高形貌自由度结构的石英玻璃 3D 打印，表面粗糙度仅为 6nm，具备高速度、无分层效应的特点。2023 年，华中科技大学提出了一种基于无惯量声光扫描与空间开关的多光子聚合光刻技术[183]，通过八焦点高速声光扫描以及各焦点独立开关控制，实现了任意复杂三维模型的快速打印，且不受加工阵列周期限制。在百纳米(200nm)分辨率下，该系统的加工效率可达到 7.6×10^7 voxels/s。

2. 金属激光增材制造中缺陷和相非均匀性的演化机制及其抑制

通过对激光与金属粉末相互作用过程及其动力学的原位实时观测和理论建模，国内外学者在金属激光增材制造原理、缺陷和相非均匀性的调控与抑制等方面取得了新的进展。针对激光粉末床熔融过程中空隙缺陷及其严重危害，2022 年，研究人员利用同步加速器 X 射线成像揭示了匙孔和气泡的行为，并量化了其演化动力学，可为孔隙度最小化控制的发展提供指导[184]。进一步，2023 年，研究人员基于机器学习开发了探测随机匙孔气孔生成的方法，具有亚毫秒时间分辨率和 100% 的预测准确率[185]。针对缺陷抑制，2022 年，研究人员提出利用纳米颗粒同时控制熔池波动和液滴聚结，以控制激光-粉末床相互作用的不稳定性来消除大飞溅[186]，提升了增材制造金属的一致性和抗拉强度。针对金属激光增材制造中的相和力学性能的空间非均匀性，澳大利亚昆士兰大学提出了协同合金设计的激光粉末床熔融制造钛合金的方法[187]。通过在 Ti-6Al-4V 中添加纯钛粉末和 Fe_2O_3 纳米颗粒，在原位消除相不均匀性的同时，可利用氧溶质强化来补偿强度损失，使合金具有优于 Ti-6Al-4V 的显微组织空间均匀性和力学性能；通过调节添加物比例，可调节屈服强度(831.4 ± 2.7~

1220.8 ± 6.5MPa)和延伸率(26.7±0.6%～13.7 ± 0.9%)。

3. 基于激光增材制造的高机械性能金属合金制备

围绕金属激光增材制造的机械性能提升，国内外学者开展了广泛的研究，并取得了新的进展。2022 年，研究人员利用激光粉末床熔融打印了具有双相纳米层状的 AlCoCrFeNi2.1 高熵合金，其具有 1300MPa 的屈服强度和 14%的大均匀延伸率[173]。此外，研究人员利用激光增材制造的热循环和快速凝固特性在材料内形成了致密、稳定和内部孪晶纳米沉淀，获得了超强机械性能和热稳定的钛合金[188]；经过后热处理，可以获得 5.4%的延伸率和大于 1600MPa 的抗拉强度。2023 年，研究人员将合金设计与增材制造工艺设计相结合，通过控制氧-铁含量，利用激光金属粉末定向能量沉积制备一系列具有优异拉伸性能的 α-β 钛-氧-铁合金[189]。基于模型驱动合金设计方法，研究人员通过激光粉末床熔融将纳米级 Y_2O_3 纳米颗粒分散到 NiCoCr 合金的整个微观结构中，制备了一种氧化物分散增强的 NiCoCr 合金 GRX-810；在 1093℃的高温下，与增材制造普遍采用的传统多晶变形镍基合金相比，GRX-810 合金的强度提高了两倍，蠕变性能提高了 1000 倍以上，抗氧化性能提高了两倍[190]。

4. 基于激光制造的跨尺度超构表面取得重要突破

通过将激光制造的跨尺度制造原理与技术引入超构表面的制备工艺，超构表面跨尺度制造能力得到了显著提升。2022 年，研究人员基于矢量光干涉曝光技术，提出了全息压印的概念[191]。利用反射型液晶全息模板的反射光与入射光自干涉实现了对偏振结构的无接触复制，并验证了 5cm×5cm 结构的制备能力，为大面积液晶光学器件的低成本、批量化生产提供了支撑。为进一步扩大矢量光干涉的曝光面积，2023 年中国科学院光电技术研究所采用投影透镜组放大干涉面的 Sagnac 偏振全息干涉系统，制备了口径为 100mm 的液晶透镜[54]。在此基础上制备了一种双面液晶结构，使液晶透镜的焦距缩短了一半，其衍射效率达 88.37%。在超快激光直写方面，2022 年，研究人员利用准二元相位掩模进行飞秒激光光场图案化调制，结合梯度强度边界和圆偏振分别抑制光学波前衍射和微纳单元结构加工各向异性，实现了亚波长图案化纳米制造[192]；在此基础上结合激光高速扫描，耗时 5 分钟制备了 10mm×10mm 的红外吸收超构表面，展现出晶圆级超构表面的高效制备能力。基于 12 英寸深紫外 ArF 浸没式光刻和晶圆级纳米压印技术，韩国浦项科技大学提出了大口径可见光超构透镜的低成本和大规模制造技术[16]。该透镜口径为 10mm，特征结构尺寸为 75nm。

5. 飞秒激光赋能材料体内新型纳米结构的可控制备

利用飞秒激光强非线性特性和真三维制造能力，可实现透明材料的三维超分辨纳米结构可控制备。例如，将铌酸锂铁电畴工程与飞秒激光极化技术结合，可实现铌酸锂材料铁电畴结构的纳米级精度可控制备[178]。通过将飞秒激光(800nm)聚焦于铌酸锂晶体内部，雕刻的铌酸锂铁电畴三维结构的最小特征尺寸达到了 30nm，较传统工艺的微米级特征尺寸缩小了两个数量级。基于飞秒激光诱导的空间选择性介观尺度分相和离子交换的新规律，可在卤氧化物复合玻璃内部实现带隙精细可控的三维钙钛矿纳米晶结构制备[179]。研制的成分和带隙精准可调的三维纳米晶结构在紫外线照射、有机溶液浸泡和 250℃高温等极端环境中表现出高稳定性。更强的光能吸收并不意味着材料改性越强，最新研究表明石英玻璃内部对椭圆偏振光的吸收率仅为线偏振光的 40%，却实现了更大占空比的纳米孔和 1.5 倍的双折射改性，揭示了隧穿电离纳米结构形成中的关键作用，有效提升了飞秒激光制备双折射相位调制器件的制备效率[193]。

第5章 年度热词

热词 1：智能光学设计

基本定义：智能光学设计是一种利用计算机辅助技术进行光学器件或系统设计的方法。它结合了光学原理、数值计算和优化算法，旨在通过自动化和智能化的方式，快速有效地设计出高性能的光学器件和系统。

应用水平：国内外对于智能光学设计主要集中在物理驱动、数据驱动以及物数驱动的底层算法、数理模型、高性能器件逆向优化设计等方面研究。研究与应用领域包括光学通信、激光系统、成像系统及各类功能器件等。它能够帮助设计人员更快速地设计出满足要求的各类光学器件和系统，并且可以在设计中考虑到多个因素的综合影响，从而得到更优化的结果。

热词 2：计算成像

基本定义：计算成像是融合光学硬件、图像传感器和算法软件于一体的新型成像技术，其使用计算技术和算法来获取、增强、分析和重建图像。它结合了计算机科学、数学、光学和信号处理的原理，克服了传统成像系统的局限性和挑战。计算成像旨在提高图像质量，从捕获的数据中提取更多信息，并实现传统技术无法实现的成像能力。计算成像背后的基本思想是利用计算能力和先进的算法来优化图像采集过程，操纵捕获的数据，并重建具有改进的分辨率、深度、动态范围和其他所需特性的图像。它涉及硬件和软件组件的联合设计，以实现所需的成像目标。

应用水平：目前计算成像已经在高动态范围成像、极简光学系统成像、光场成像、无透镜成像、散射介质成像、偏振和光谱探测等方面取得了一定的研究进展。此外，目前计算光学也正与微纳光学、超构表面等领域进行深度融合，进一步从硬件和算法两个层面降低系统的复杂度，提升成像能力。2022 年，搭载"计算偏振三维成像相机"载荷的东海一号卫星成功发射，这标志着我国通过多年科研攻关，实现了从基础研究向工程应用的快速转化。

热词 3：非视域成像

基本定义：非视域成像是指恢复由于遮挡或障碍而对成像系统不直接可见的物体或场景的视觉信息的过程。它包括通过分析场景中的间接光反射或散射模式来重建隐藏或遮挡物体的图像。非视域成像的基本思想是利用与隐藏物体相互作用的间接光，并在环境中经历多次反射或散射后到达成像系统，通过捕捉和分析这种间接光，推断隐藏对象或场景的形状、纹理和其他视觉特性。

应用水平：目前非视域成像主要还处在实验室研究阶段，其成像算法仍在快速发展之中。2022 年，中国科学技术大学实验实现了 1.43 千米的远距离非视域成像，完成了成像距离从米级到千米级的提升。值得注意的是，得益于矢量光场的抗湍流和抗散射传输特性，基于光场调制的非视域成像技术有望成为未来的重要发展方向。

热词4：矢量光场

基本定义：狭义矢量光场指波前面上偏振态非均匀分布的光场，广义矢量光场指电场和磁场矢量在四维时空中某一截面上非均匀分布的光场。

应用水平：国内外对于矢量光场的研究主要集中在矢量光场的产生、调控、传输和探测，以及相关应用等方面的理论方法与关键技术。研究与应用领域包括光和物质相互作用、望远镜和显微成像、光刻、激光通信、能量传输、光力操控、量子信息、精密测量等领域。相关理论技术的发展有望变革传统光学技术研究范式，突破经典理论极限，实现从"标量光场"到"矢量光场"的跨越，支撑光学装备的升级换代。

热词5：数字光学

基本定义：狭义的"数字光学"指通过数字化的结构实现离散化、比特化的局域光场调控(包括相位、能量、偏振等)。结合有源材料、数字化的版图设计、微电子工艺兼容的制备方法，实现光场的动态、智能按需调控。数字光学的内涵主要有三点：一是通过光子—电子融合，实现数字电子向数字光学的转变，同时利用离散化结构中的几何相位和界面相位等新的物理效应调控振幅、相位、偏振、频率、空间频率等参量；二是智能化设计，传统光学元件和系统的设计更多地依赖于经验，通过数字计算机和人工智能，可实现数字光学器件的按需智能设计；三是微电子兼容的加工，传统的光学加工依赖于注塑、磨削、抛光等工艺，难以和电子技术一体化，数字光学元件采用微电子工艺来批量复制，有望在同一工艺线实现光学和电子器件的集成。广义的数字光学包括建立在数字化设计、数字化加工、数字化控制基础上的光学理论和技术等。主要的数字化特征包括：形貌方面，由规则向自由化发展，微结构由简单规则的图形变为复杂化图形；分析方法方面，随着特征尺寸的缩小以及数值孔径的增大，传统的标量分析方法已难以满足需求，处理方法进入矢量光学范畴；设计方面，传统启发式的优化设计难以用于超大规模亚波长尺度结构的优化设计，此时，基于物理驱动和数据驱动的智能设计成为必然选择；调控维度方面，数字光学由单一的相位调控向振幅、相位和频谱同时调控发展，使更多维度的应用成为可能；时域调控方面，新材料和新技术的引入使得动态调控速度有望得到大幅提升。

应用水平：数字光学有着广阔的产业前景，包括数字光加工、数字光成像、数字光显示、数字光传感、数字光通信、数字光存储、数字光计算等。当前数字光学的发展仍然处于初级阶段，存在一些需要解决的问题，比如智能设计方法和软硬件协同优化、跨尺度高精度批量制造、可编程智能重构、标准化的建立等。软硬件协同优化是数字光学未来发展的重点方向之一。以光学成像系统为例，超构透镜本身具有灵活的相位调控能力，但随着口径增大，色差越来越难以消除。此时，采用后端算法来校正色差可以实现数字化结构与数字化处理的完美融合，从而在不增加系统体积重量的条件下大幅度提升成像性能。标准化是实现数字光学产业前景的必然举措，具体包括标准化的设计、制造、测量以及集成等。

热词6：光学超构表面

基本定义：超构表面是由特征尺寸远小于工作波长的亚波长结构按照一定规律或者无规律排布的平面电磁波调控器件，光学超构表面指工作波长为紫外至远红外波段的超构表面。

应用水平：国内外对于光学超构表面的研究主要集中在理论拓展、智能设计、跨尺度加工、多功能集成、数字化调控等，以及相关应用的理论方法与关键技术。研究与应用领域包括多维成像及探测、光场调控、光学显示、绿色能源、光计算、光通信等领域。光学超构表面的智能设计和跨尺度加工将促进其产业化应用进展，为实现工程光学2.0奠定坚实基础。

热词7：光学神经网络

基本定义：光学神经网络(Optical Neural Network)是一种基于光学原理实现的神经网络模型。传统的神经网络模型通常使用电子器件进行信息的传递和处理，而光学神经网络则利用光学元件和光学信号来实现类似的功能。光学神经网络的基本构建单元是光学神经元(Optical Neuron)，通常由光源、光学调制器、光学传输介质以及光学检测器等组成，它可以模拟生物神经元的行为。光源产生光信号，经过光学调制器进行光学信号的调制和处理，然后通过光学传输介质传递到下一层光学神经元或输出端，也可以通过光学探测器将光信号转换为电信号进行进一步处理或输出。光学神经网络利用光的高速传输和并行处理特性，具有高计算效率和大规模并行处理能力。它可以应用于各种领域，如模式识别、图像处理、人工智能等，以实现高效的信息处理和计算任务。

应用水平：光学神经网络的应用水平目前仍处于研究和探索阶段。虽然在实验室环境中已经展示出一些令人印象深刻的成果，但在大规模实际应用方面还存在一些挑战和限制。正在研究和探索的光学神经网络应用领域包括：模式识别和图像处理，光学神经网络具有并行处理和高计算效率的潜力，可以用于图像识别、目标检测和图像处理等任务；光学计算，光学神经网络可以应用于解决复杂的计算问题，如优化问题、模拟物理系统和大规模数据处理等；光学传感器网络，利用光学神经网络的高并行性和快速传输特性，可以构建用于环境监测、生物医学检测和通信系统等领域的光学传感器网络；人工智能加速器，光学神经网络可以作为一种加速人工智能计算的工具，提供高速、低功耗的计算能力，有望应用于深度学习和神经网络模型的加速。

作者：罗先刚　李雄　蒲明博　徐明峰

参 考 文 献

[1] Mandal J, Fu Y, Overvig A C, et al. Hierarchically porous polymer coatings for highly efficient passive daytime radiative cooling. Science, 2018, 362 (6412): 315-319.

[2] Wang S, Jiang T, Meng Y, et al. Scalable thermochromic smart windows with passive radiative cooling regulation. Science, 2021, 374 (6574): 1501-1504.

[3] Tang K, Dong K, Li J, et al. Temperature-adaptive radiative coating for all-season household thermal regulation. Science, 2021, 374 (6574): 1504-1509.

[4] Li Z, Pestourie R, Park J S, et al. Inverse design enables large-scale high-performance meta-optics reshaping virtual reality. Nature Communications, 2022, 13 (1): 2409.

[5] Ha Y, Luo Y, Pu M, et al. Physics-data-driven intelligent optimization for large-scale meta-devices. 2023, arXiv:2306.01978.

[6] Luo X. Multiscale optical field manipulation via planar digital optics. ACS Photonics, 2023, 10(7): 2116-2127.

[7] Tseng E, Colburn S, Whitehead J, et al. Neural nano-optics for high-quality thin lens imaging. Nature Communications, 2021, 12 (1): 6493.

[8] Zhou F, Zhou Z, Chen J, et al. Optoelectronic resistive random access memory for neuromorphic vision sensors. Nature Nanotechnology, 2019, 14 (8): 776-782.

[9] Zhou Y, Zheng H, Kravchenko I I, et al. Flat optics for image differentiation. Nature Photonics, 2020, 14 (5): 316-323.

[10] Ashtiani F, Geers A J, Aflatouni F. An on-chip photonic deep neural network for image classification. Nature, 2022, 606 (7914): 501-506.

[11] Caldwell E D, Sinclair L C, Newbury N R, et al. The time-programmable frequency comb and its use in quantum-limited ranging. Nature, 2022, 610 (7933): 667-673.

[12] Dorrah A H, Rubin N A, Zaidi A, et al. Metasurface optics for on-demand polarization transformations along the optical path. Nature Photonics, 2021, 15 (4) : 287-296.

[13] Zhang F, Pu M, Guo Y, et al. Synthetic vector optical fields with spatial and temporal tunability. Science China Physics, Mechanics and Astronomy, 2022,

65 (5): 254211.

[14] Chong A, Wan C, Chen J, et al. Generation of spatiotemporal optical vortices with controllable transverse orbital angular momentum. Nature Photonics, 2020, 14 (6): 350-354.

[15] Wan C, Cao Q, Chen J, et al. Toroidal vortices of light. Nature Photonics, 2022, 16 (7): 519-522.

[16] Kim J, Seong J, Kim W, et al. Scalable manufacturing of high-index atomic layer-polymer hybrid metasurfaces for metaphotonics in the visible. Nature Materials, 2023, 22 (4): 474-481.

[17] Danz T, Domröse T, Ropers C. Ultrafast nanoimaging of the order parameter in a structural phase transition. Science, 2021, 371 (6527): 371-374.

[18] Thibault S, Côté G, Buque J, et al. Optical design at the age of AI // European Physical Journal Web of Conferences, 2022: 03023.

[19] Guo Y, Pu M, Zhao Z, et al. Merging geometric phase and plasmon retardation phase in continuously shaped metasurfaces for arbitrary orbital angular momentum generation. ACS Photonics, 2016, 3 (11): 2022-2029.

[20] Zhang F, Pu M, Li X, et al. All-dielectric metasurfaces for simultaneous giant circular asymmetric transmission and wavefront shaping based on asymmetric photonic spin-orbit interactions. Advanced Functional Materials, 2017, 27 (47): 1704295.

[21] Balthasar M J P, Rubin N A, Devlin R C, et al. Metasurface polarization optics: independent phase control of arbitrary orthogonal states of polarization. Physical Review Letters, 2017, 118 (11): 113901.

[22] Devlin R C, Ambrosio A, Rubin N A, et al. Arbitrary spin-to-orbital angular momentum conversion of light. Science, 2017, 358 (6365): 896-901.

[23] Fan Q, Liu M, Zhang C, et al. Independent amplitude control of arbitrary orthogonal states of polarization via dielectric metasurfaces. Physical Review Letters, 2020, 125 (26): 267402.

[24] Guo Y, Zhang S, Pu M, et al. Spin-decoupled metasurface for simultaneous detection of spin and orbital angular momenta via momentum transformation. Light: Science and Applications, 2021, 10 (1): 63.

[25] Liu M, Zhu W, Huo P, et al. Multifunctional metasurfaces enabled by simultaneous and independent control of phase and amplitude for orthogonal polarization states. Light: Science and Applications, 2021, 10 (1): 107.

[26] Liu M, Huo P, Zhu W, et al. Broadband generation of perfect poincaré beams

via dielectric spin-multiplexed metasurface. Nature Communications, 2021, 12 (1): 2230.

[27] Zhang F, Guo Y, Pu M, et al. Meta-optics empowered vector visual cryptography for high security and rapid decryption. Nature Communications, 2023, 14 (1): 1946.

[28] Yu N, Genevet P, Kats M A, et al. Light propagation with phase discontinuities: generalized laws of reflection and refraction. Science, 2011, 334 (6054): 333-337.

[29] Xie X, Pu M, Jin J, et al. Generalized pancharatnam-berry phase in rotationally symmetric meta-atoms. Physical Review Letters, 2021, 126 (18): 183902.

[30] Pai P, Bosch J, Kühmayer M, et al. Scattering invariant modes of light in complex media. Nature Photonics, 2021, 15 (6): 431-434.

[31] Nape I, Singh K, Klug A, et al. Revealing the invariance of vectorial structured light in complex media. Nature Photonics, 2022, 16 (7): 538-546.

[32] Klug A, Peters C, Forbes A, Robust structured light in atmospheric turbulence. Advanced Photonics, 2023, 5 (1): 016006.

[33] Cheng Z, Li C, Khadria A, et al. High-gain and high-speed wavefront shaping through scattering media. Nature Photonics, 2023, 17 (4): 299-305.

[34] Sang D, Xu M, Pu M, et al. Toward high-efficiency ultrahigh numerical aperture freeform metalens: from vector diffraction theory to topology optimization. Laser and Photonics Reviews, 2022, 16 (10): 2200265.

[35] Wang S, Wen S, Deng Z L, et al. Metasurface-based solid poincaré sphere polarizer. Physical Review Letters, 2023, 130 (12): 123801.

[36] Xu M, He Q, Pu M, et al. Emerging long-range order from a freeform disordered metasurface. Advanced Materials, 2022, 34 (12): 2108709.

[37] Qi H, Du Z, Hu X, et al. High performance integrated photonic circuit based on inverse design method. Opto-Electronic Advances, 2022, 5 (10): 210061.

[38] Cordaro A, Edwards B, Nikkhah V, et al. Solving integral equations in free space with inverse-designed ultrathin optical metagratings. Nature Nanotechnology, 2023, 18: 365-372.

[39] Ma T, Tobah M, Wang H, et al. Benchmarking deep learning-based models on nanophotonic inverse design problems. Opto-Electronic Science, 2022, 1 (1): 210012.

[40] Krasikov S, Tranter A, Bogdanov A, et al. Intelligent metaphotonics empowered by machine learning. Opto-Electronic Advances, 2022, 5(3):

210147.

[41] An S, Fowler C, Zheng B, et al. A deep learning approach for objective-driven all-dielectric metasurface design. ACS Photonics, 2019, 6 (12): 3196-3207.

[42] Li G, Zhang S, Zentgraf T. Nonlinear photonic metasurfaces. Nature Reviews Materials, 2017, 2 (5): 17010.

[43] Luo J, Wang Y, Pu M, et al. Multiple rotational doppler effect induced by a single spinning meta-atom. Physical Review Applied, 2023, 19 (4): 044064.

[44] Zhang L, Chang S, Chen X, et al. High-efficiency, 80 mm aperture metalens telescope. Nano Letters, 2023, 23 (1): 51-57.

[45] Mansouree M, Mc Clung A, Samudrala S, et al. Large-scale parametrized metasurface design using adjoint optimization. ACS Photonics, 2021, 8 (2): 455-463.

[46] Song Q, Odeh M, Zuniga-Perez J, et al. Plasmonic topological metasurface by encircling an exceptional point. Science, 2021, 373 (6559): 1133-1137.

[47] Dorrah A H, Rubin N A, Tamagnone M, et al. Structuring total angular momentum of light along the propagation direction with polarization-controlled meta-optics. Nature Communications, 2021, 12 (1): 6249.

[48] Dorrah A H, Bordoloi P, de Angelis V S, et al. Light sheets for continuous-depth holography and three-dimensional volumetric displays. Nature Photonics, 2023, 17: 427-434.

[49] Shi Z, Wan Z, Zhan Z, et al. Super-resolution orbital angular momentum holography. Nature Communications, 2023, 14 (1): 1869.

[50] Ouyang X, Xu Y, Xian M, et al. Synthetic helical dichroism for six-dimensional optical orbital angular momentum multiplexing. Nature Photonics, 2021, 15 (12): 901-907.

[51] Shi Z, Rubin N A, Park J S, et al. Nonseparable polarization wavefront transformation. Physical Review Letters, 2022, 129 (16): 167403.

[52] Khonina S N, Kazanskiy N L, Butt M A, et al. Optical multiplexing techniques and their marriage for on-chip and optical fiber communication: a review. Opto-Electronic Advances, 2022, 5 (8): 210127.

[53] Xiong B, Liu Y, Xu Y, et al. Breaking the limitation of polarization multiplexing in optical metasurfaces with engineered noise. Science, 2023, 379 (6629): 294-299.

[54] Wen Y, Zhang Q, He Q, et al. Shortening focal length of 100-mm aperture flat lens based on improved sagnac interferometer and bifacial liquid crystal.

Advanced Optical Materials, 2023, 11(16): 2300127.

[55] Zeng B, Huang Z, Singh A, et al. Hybrid graphene metasurfaces for high-speed mid-infrared light modulation and single-pixel imaging. Light: Science and Applications, 2018, 7 (1): 51.

[56] Shirmanesh G K, Sokhoyan R, Wu P C, et al. Electro-optically tunable multifunctional metasurfaces. ACS Nano, 2020, 14 (6): 6912-6920.

[57] Kafaie S G, Sokhoyan R, Pala R A, et al. Dual-gated active metasurface at 1550 nm with wide (>300°) phase tunability. Nano Letters, 2018, 18 (5), 2957-2963.

[58] Park J, Jeong B G, Kim S I, et al. All-solid-state spatial light modulator with independent phase and amplitude control for three-dimensional LiDAR applications. Nature Nanotechnology, 2021, 16 (1): 69-76.

[59] Zhang Y, Fowler C, Liang J, et al. Electrically reconfigurable non-volatile metasurface using low-loss optical phase-change material. Nature Nanotechnology, 2021, 16 (6): 661-666.

[60] Zhang X, Kwon K, Henriksson J, et al. A large-scale microelectromechanical-systems-based silicon photonics LiDAR. Nature, 2022, 603 (7900): 253-258.

[61] Gui G, Brooks N J, Kapteyn H C, et al. Second-harmonic generation and the conservation of spatiotemporal orbital angular momentum of light. Nature Photonics, 2021, 15 (8): 608-613.

[62] Bliokh K Y. Spatiotemporal vortex pulses: angular momenta and spin-orbit interaction. Physical Review Letters, 2021, 126 (24): 243601.

[63] Somers P, Liang Z, Johnson J E, et al. Rapid, continuous projection multi-photon 3D printing enabled by spatiotemporal focusing of femtosecond pulses. Light: Science and Applications, 2021, 10 (1): 199.

[64] Zdagkas A, McDonnell C, Deng J, et al. Observation of toroidal pulses of light. Nature Photonics, 2022, 16 (7): 523-528.

[65] Tirole R, Vezzoli S, Galiffi E, et al. Double-slit time diffraction at optical frequencies. Nature Physics, 2023, 19: 999-1002.

[66] Liu J, Zheng M, Xiong Z, et al. 3D dynamic motion of a dielectric micro-sphere within optical tweezers. Opto-Electronic Advances, 2021, 4 (1): 200015.

[67] Zhang F, Pu M, Gao P, et al. Simultaneous full-color printing and holography enabled by centimeter-scale plasmonic metasurfaces. Advanced Science, 2020, 7 (10): 1903156.

[68] Meng W, Hua Y, Cheng K, et al. 100 Hertz frame-rate switching three-

dimensional orbital angular momentum multiplexing holography via cross convolution. Opto-Electronic Science, 2022, 1 (9): 220004.

[69] Ren H, Fang X, Jang J, et al. Complex-amplitude metasurface-based orbital angular momentum holography in momentum space. Nature Nanotechnology, 2020, 15 (11): 948-955.

[70] Fang X, Ren H, Gu M. Orbital angular momentum holography for high-security encryption. Nature Photonics, 2019, 14 (2): 102-108.

[71] Li X, Chen L, Li Y, et al. Multicolor 3D meta-holography by broadband plasmonic modulation. Science Advances, 2016, 2 (11): e1601102.

[72] Wu X, Ehehalt R, Razinskas G, et al. Light-driven microdrones. Nature Nanotechnology, 2022, 17 (5): 477-484.

[73] Shi Y, Zhu T, Liu A Q, et al. Inverse optical torques on dielectric nanoparticles in elliptically polarized light waves. Physical Review Letters, 2022, 129 (5): 053902.

[74] Pontin A, Fu H, Toroš M, et al. Simultaneous cavity cooling of all six degrees of freedom of a levitated nanoparticle. Nature Physics, 2023, 19: 1003-1008.

[75] Lu J, Ginis V, Qiu C W, et al. Polarization-dependent forces and torques at resonance in a microfiber-microcavity system. Physical Review Letters, 2023, 130 (18): 183601.

[76] Zhang F, Pu M, Luo J, et al. Symmetry breaking of photonic spin-orbit interactions in metasurfaces. Opto-Electronic Engineering, 2017, 44 (3): 319-325.

[77] Qiao X, Midya B, Gao Z, et al. Higher-dimensional supersymmetric microlaser arrays. Science, 2021, 372 (6540): 403-408.

[78] Dikopoltsev A, Harder T H, Lustig E, et al. Topological insulator vertical-cavity laser array. Science, 2021, 373 (6562): 1514-1517.

[79] Zhang Z, Zhao H, Wu S, et al. Spin-orbit microlaser emitting in a four-dimensional Hilbert space. Nature, 2022, 612(7939): 246-251.

[80] Yu Y, Sakanas A, Zali A R, et al. Ultra-coherent Fano laser based on a bound state in the continuum. Nature Photonics, 2021, 15 (10): 758-764.

[81] Spägele C, Tamagnone M, Kazakov D, et al. Multifunctional wide-angle optics and lasing based on supercell metasurfaces. Nature Communications, 2021, 12 (1): 3787.

[82] Dixon J, Lawrence M, Barton D R, et al. Self-isolated raman lasing with a chiral dielectric metasurface. Physical Review Letters, 2021, 126 (12):

123201.

[83] Piccardo M, de Oliveira M, Toma A, et al. Vortex laser arrays with topological charge control and self-healing of defects. Nature Photonics, 2022, 16 (5): 359-365.

[84] Ni P N, Fu P, Chen P P, et al. Spin-decoupling of vertical cavity surface-emitting lasers with complete phase modulation using on-chip integrated Jones matrix metasurfaces. Nature Communications, 2022, 13 (1): 7795.

[85] Eliezer Y, Qu G, Yang W, et al. Suppressing meta-holographic artifacts by laser coherence tuning. Light: Science and Applications, 2021, 10 (1): 104.

[86] Slobodkin Y, Weinberg G, Hörner H, et al. Massively degenerate coherent perfect absorber for arbitrary wavefronts. Science, 2022, 377 (6609): 995-998.

[87] Eliezer Y, Mahler S, Friesem A A, et al. Controlling nonlinear interaction in a many-mode laser by tuning disorder. Physical Review Letters, 2022, 128 (14): 143901.

[88] Arwas G, Gadasi S, Gershenzon I, et al. Anyonic-parity-time symmetry in complex-coupled lasers. Science Advances, 2022, 8 (22): eabm7454.

[89] Deng Y, Fan Z F, Zhao B B, et al. Mid-infrared hyperchaos of interband cascade lasers. Light: Science and Applications, 2022, 11 (1): 7.

[90] Ma C G, Xiao J L, Xiao Z X, et al. Chaotic microlasers caused by internal mode interaction for random number generation. Light: Science and Applications, 2022, 11 (1): 187.

[91] Wang W, Feng K, Ke L, et al. Free-electron lasing at 27 nanometres based on a laser wakefield accelerator. Nature, 2021, 595 (7868): 516-520.

[92] Zhang D, Zeng Y, Bai Y, et al. Coherent surface plasmon polariton amplification via free-electron pumping. Nature, 2022, 611 (7934): 55-60.

[93] Labat M, Cabadağ J C, Ghaith A, et al. Seeded free-electron laser driven by a compact laser plasma accelerator. Nature Photonics, 2023, 17 (2): 150-156.

[94] Sun J, Timurdogan E, Yaacobi A, et al. Large-scale nanophotonic phased array. Nature, 2013, 493 (7431): 195-199.

[95] Wang T, Ma S Y, Wright L G, et al. An optical neural network using less than 1 photon per multiplication. Nature Communications, 2022, 13 (1): 123.

[96] Zhu H H, Zou J, Zhang H, et al. Space-efficient optical computing with an integrated chip diffractive neural network. Nature Communications, 2022, 13 (1): 1044.

[97] Fu T, Zang Y, Huang Y, et al. Photonic machine learning with on-chip

diffractive optics. Nature Communications, 2023, 14 (1): 70.

[98] Wang T, Sohoni M M, Wright L G, et al. Image sensing with multilayer nonlinear optical neural networks. Nature Photonics, 2023, 17 (5): 408-415.

[99] Pai S, Sun Z, Hughes T W, et al. Experimentally realized in situ backpropagation for deep learning in photonic neural networks. Science, 2023, 380 (6643): 398-404.

[100] Willomitzer F, Rangarajan P V, Li F, et al. Fast non-line-of-sight imaging with high-resolution and wide field of view using synthetic wavelength holography. Nature Communications, 2021, 12 (1): 6647.

[101] Wu C, Liu J, Huang X, et al. Non-line-of-sight imaging over 1.43 km. Proceedings of the National Academy of Sciences, 2021, 118 (10): e2024468118.

[102] Jang M, Horie Y, Shibukawa A, et al. Wavefront shaping with disorder-engineered metasurfaces. Nature Photonics, 2018, 12 (2): 84-90.

[103] Sahoo S K, Tang D, Dang C. Single-shot multispectral imaging with a monochromatic camera. Optica, 2017, 4 (10): 1209-1213.

[104] Lei Y, Guo Y, Pu M, et al. Multispectral scattering imaging based on metasurface diffuser and deep learning. Physica Status Solidi (RRL)Rapid Research Letters, 2022, 16 (2): 2100469.

[105] Zhang X, Hu H, Wang X, et al. Challenges and strategies in high-accuracy manufacturing of the world's largest SiC aspheric mirror. Light: Science and Applications, 2022, 11 (1): 310.

[106] Cao R, de Goumoens F, Blochet B, et al. High-resolution non-line-of-sight imaging employing active focusing. Nature Photonics, 2022, 16 (6): 462-468.

[107] Wang B, Zheng M Y, Han J J, et al. Non-line-of-sight Imaging with picosecond temporal resolution. Physical Review Letters, 2021, 127 (5): 053602.

[108] Lei Y, Zhang Q, Guo Y, et al. Snapshot multi-dimensional computational imaging through a liquid crystal diffuser. Photonics Research, 2023, 11 (3): B111.

[109] Wu J, Guo Y, Deng C, et al. An integrated imaging sensor for aberration-corrected 3D photography. Nature, 2022, 612 (7938): 62-71.

[110] Juliano M R, Marinov E, Youssef M A B, et al. Metasurface-enhanced light detection and ranging technology. Nature Communications, 2022, 13 (1):

5724.

[111] Lukashchuk A, Riemensberger J, Karpov M, et al. Dual chirped microcomb based parallel ranging at megapixel-line rates. Nature Communications, 2022, 13 (1): 3280.

[112] Chen R, Shu H, Shen B, et al. Breaking the temporal and frequency congestion of LiDAR by parallel chaos. Nature Photonics, 2023, 17 (4): 306-314.

[113] Liao F, Zhou Z, Kim B J, et al. Bioinspired in-sensor visual adaptation for accurate perception. Nature Electronics, 2022, 5 (2): 84-91.

[114] Ma S, Wu T, Chen X, et al. A 619-pixel machine vision enhancement chip based on two-dimensional semiconductors. Science Advances, 2022, 8 (31): eabn9328.

[115] Song H, Luo G, Ji Z, et al. Highly-integrated, miniaturized, stretchable electronic systems based on stacked multilayer network materials. Science Advances, 2022, 8 (11): eabm3785.

[116] Ko H C, Stoykovich M P, Song J, et al. A hemispherical electronic eye camera based on compressible silicon optoelectronics. Nature, 2008, 454 (7205): 748-753.

[117] Rao Z, Lu Y, Li Z, et al. Curvy, shape-adaptive imagers based on printed optoelectronic pixels with a kirigami design. Nature Electronics, 2021, 4 (7): 513-521.

[118] Yuan S, Ma C, Fetaya E, et al. Geometric deep optical sensing. Science, 2023, 379 (6637): eade1220.

[119] Ma C, Yuan S, Cheung P, et al. Intelligent infrared sensing enabled by tunable moiré quantum geometry. Nature, 2022, 604 (7905): 266-272.

[120] Luo X, Hu Y, Ou X, et al. Metasurface-enabled on-chip multiplexed diffractive neural networks in the visible. Light: Science and Applications, 2022, 11 (1): 158.

[121] Hua X, Wang Y, Wang S, et al. Ultra-compact snapshot spectral light-field imaging. Nature Communications, 2022, 13 (1): 2732.

[122] Yuan S, Naveh D, Watanabe K, et al. A wavelength-scale black phosphorus spectrometer. Nature Photonics, 2021, 15 (8): 601-607.

[123] Tua D, Liu R, Yang W, et al. Imaging-based intelligent spectrometer on a plasmonic rainbow chip. Nature Communications, 2023, 14 (1): 1902.

[124] Wei J, Chen Y, Li Y, et al. Geometric filterless photodetectors for mid-infrared spin light. Nature Photonics, 2023, 17 (2): 171-178.

[125] Dai M, Wang C, Qiang B, et al. On-chip mid-infrared photothermoelectric detectors for full-Stokes detection. Nature Communications, 2022, 13 (1): 4560.

[126] Wu S, Chen Y, Wang X, et al. Ultra-sensitive polarization-resolved black phosphorus homojunction photodetector defined by ferroelectric domains. Nature Communications, 2022, 13 (1): 3198.

[127] Shi Y, Zhang Y, Wan Y, et al. Silicon photonics for high-capacity data communications. Photonics Research, 2022, 10(9): A106-A134.

[128] Raja A S, Lange S, Karpov M, et al. Ultrafast optical circuit switching for data centers using integrated soliton microcombs. Nature Communications, 2021, 12 (1): 5867.

[129] Wang Y, Li X, Jiang Z, et al. Ultrahigh-speed graphene-based optical coherent receiver. Nature Communications, 2021, 12 (1): 5076.

[130] Kong D, Liu Y, Ren Z, et al. Super-broadband on-chip continuous spectral translation unlocking coherent optical communications beyond conventional telecom bands. Nature Communications, 2022, 13 (1): 4139.

[131] Geng Y, Zhou H, Han X, et al. Coherent optical communications using coherence-cloned Kerr soliton microcombs. Nature Communications, 2022, 13 (1): 1070.

[132] Ergoktas M S, Bakan G, Kovalska E, et al. Multispectral graphene-based electro-optical surfaces with reversible tunability from visible to microwave wavelengths. Nature Photonics, 2021, 15 (7): 493-498.

[133] Zhang W, van Leent T, Redeker K, et al. A device-independent quantum key distribution system for distant users. Nature, 2022, 607 (7920): 687-691.

[134] Nadlinger D P, Drmota P, Nichol B C, et al. Experimental quantum key distribution certified by Bell's theorem. Nature, 2022, 607 (7920): 682-686.

[135] Wang S, Yin Z Q, He D Y, et al. Twin-field quantum key distribution over 830-km fibre. Nature Photonics, 2022, 16 (2): 154-161.

[136] Li W, Zhang L, Tan H, et al. High-rate quantum key distribution exceeding 110 Mb s^{-1}. Nature Photonics, 2023, 17 (5): 416-421.

[137] Zhu H T, Huang Y, Liu H, et al. Experimental mode-pairing measurement-device-independent quantum key distribution without global phase locking. Physical Review Letters, 2023, 130 (3): 030801.

[138] Gao H, Wang A, Wang L, et al. 0.75 Gbit/s high-speed classical key distribution with mode-shift keying chaos synchronization of Fabry-Perot

lasers. Light: Science and Applications, 2021, 10 (1): 1-9.

[139] Jiang L, Feng J, Yan L, et al. Chaotic optical communications at 56 Gbit/s over 100-km fiber transmission based on a chaos generation model driven by long short-term memory networks. Optics Letters, 2022, 47 (10): 2382-2385.

[140] Yang Z, Ke J, Zhuge Q, et al. Coherent chaotic optical communication of 30 Gb/s over 340-km fiber transmission via deep learning. Optics Letters, 2022, 47 (11): 2650-2653.

[141] Spitz O, Herdt A, Wu J, et al. Private communication with quantum cascade laser photonic chaos. Nature Communications, 2021, 12 (1): 3327.

[142] Zhang Y, Xu M, Pu M, et al. Experimental demonstration of an 8-Gbit/s free-space secure optical communication link using all-optical chaos modulation. Optics Letters, 2023, 48 (6): 1470-1473.

[143] Zhang R, Hu N, Zhou H, et al. Turbulence-resilient pilot-assisted self-coherent free-space optical communications using automatic optoelectronic mixing of many modes. Nature Photonics, 2021, 15 (10): 743-750.

[144] Zhu Z, Janasik M, Fyffe A, et al. Compensation-free high-dimensional free-space optical communication using turbulence-resilient vector beams. Nature Communications, 2021, 12 (1): 1666.

[145] Mischok A, Hillebrandt S, Kwon S, et al. Highly efficient polaritonic light-emitting diodes with angle-independent narrowband emission. Nature Photonics, 2023, 17 (5): 393-400.

[146] Qian Y, Yang Z, Huang Y H, et al. Directional high-efficiency nanowire LEDs with reduced angular color shift for AR and VR displays. Opto-Electronic Science, 2022, 1 (12): 220021-1-220021-10.

[147] Sheen M, Ko Y, Kim D, et al. Highly efficient blue InGaN nanoscale light-emitting diodes. Nature, 2022, 608 (7921): 56-61.

[148] Baek W J, Park J, Shim J, et al. Ultra-low-current driven InGaN blue micro light-emitting diodes for electrically efficient and self-heating relaxed microdisplay. Nature Communications, 2023, 14 (1): 1386.

[149] Shin J, Kim H, Sundaram S, et al. Vertical full-colour micro-LEDs via 2D materials-based layer transfer. Nature, 2023, 614 (7946): 81-87.

[150] Richter A, Müller R, Benick J, et al. Design rules for high-efficiency both-sides-contacted silicon solar cells with balanced charge carrier transport and recombination losses. Nature Energy, 2021, 6 (4): 429-438.

[151] Liu W, Shi J, Zhang L, et al. Light-induced activation of boron doping in

hydrogenated amorphous silicon for over 25% efficiency silicon solar cells. Nature Energy, 2022, 7 (5): 427-437.

[152] Zhou J, Xu X, Wu H, et al. Control of the phase evolution of kesterite by tuning of the selenium partial pressure for solar cells with 13.8% certified efficiency. Nature Energy, 2023, 8 (5): 526-535.

[153] Lin R, Wang Y, Lu Q, et al. All-perovskite tandem solar cells with 3D/3D bilayer perovskite heterojunction. Nature, 2023, 620: 994-1000.

[154] Fikes A, Gdoutos E, Klezenberg M, et al. In the Caltech space solar power demonstration one mission // 2022 IEEE International Conference on Wireless for Space and Extreme Environments (WiSEE), 2022: 18-22.

[155] Peng W, Mao K, Cai F, et al. Reducing nonradiative recombination in perovskite solar cells with a porous insulator contact. Science, 2023, 379 (6633): 683-690.

[156] Zheng X, Li Z, Zhang Y, et al. Co-deposition of hole-selective contact and absorber for improving the processability of perovskite solar cells. Nature Energy, 2023, 8 (5): 462-472.

[157] Lin X, Su H, He S, et al. In situ growth of graphene on both sides of a Cu-Ni alloy electrode for perovskite solar cells with improved stability. Nature Energy, 2022, 7 (6): 520-527.

[158] You S, Zeng H, Liu Y, et al. Radical polymeric p-doping and grain modulation for stable, efficient perovskite solar modules. Science, 2023, 379 (6629): 288-294.

[159] Xiao K, Lin Y H, Zhang M, et al. Scalable processing for realizing 21.7%-efficient all-perovskite tandem solar modules. Science, 2022, 376 (6594): 762-767.

[160] Tan Q, Li Z, Luo G, et al. Inverted perovskite solar cells using dimethylacridine-based dopants. Nature, 2023, 620: 545-551.

[161] He R, Wang W, Yi Z, et al. Improving interface quality for 1-cm^2 all-perovskite tandem solar cells. Nature, 2023, 618 (7963): 80-86.

[162] Fan S, Li W. Photonics and thermodynamics concepts in radiative cooling. Nature Photonics, 2022, 16 (3): 182-190.

[163] Li J, Wang X, Liang D, et al. A tandem radiative/evaporative cooler for weather-insensitive and high-performance daytime passive cooling. Science Advances, 2022, 8 (32): eabq0411.

[164] Zhu Y, Luo H, Yang C, et al. Color-preserving passive radiative cooling for

an actively temperature-regulated enclosure. Light: Science and Applications, 2022, 11 (1): 122.

[165] Ao X, Li B, Zhao B, et al. Self-adaptive integration of photothermal and radiative cooling for continuous energy harvesting from the sun and outer space. Proceedings of the National Academy of Sciences, 2022, 119 (17): e2120557119.

[166] Li J, Fu Y, Zhou J, et al. Ultrathin, soft, radiative cooling interfaces for advanced thermal management in skin electronics. Science Advances, 2023, 9 (14):eadg1837.

[167] Li Y, Bai X, Yuan D, et al. General heterostructure strategy of photothermal materials for scalable solar-heating hydrogen production without the consumption of artificial energy. Nature Communications, 2022, 13 (1): 776.

[168] Haechler I, Ferru N, Schnoering G, et al. Transparent sunlight-activated antifogging metamaterials. Nature Nanotechnology, 2023, 18 (2): 137-144.

[169] Abraham E, Cherpak V, Senyuk B, et al. Highly transparent silanized cellulose aerogels for boosting energy efficiency of glazing in buildings. Nature Energy, 2023, 8 (4): 381-396.

[170] Sui C, Pu J, Chen T H, et al. Dynamic electrochromism for all-season radiative thermoregulation. Nature Sustainability, 2023, 6 (4): 428-437.

[171] Zhang Q, Lv Y, Wang Y, et al. Temperature-dependent dual-mode thermal management device with net zero energy for year-round energy saving. Nature Communications, 2022, 13 (1): 4874.

[172] Wu Y, Li D, Wu C L, et al. Electrostatic gating and intercalation in 2D materials. Nature Reviews Materials, 2023, 8 (1): 41-53.

[173] Ren J, Zhang Y, Zhao D, et al. Strong yet ductile nanolamellar high-entropy alloys by additive manufacturing. Nature, 2022, 608 (7921): 62-68.

[174] Chen L, Zhou Y, Li Y, et al. Microsphere enhanced optical imaging and patterning: from physics to applications. Applied Physics Reviews, 2019, 6 (2): 021304.

[175] Chen L, Zhou Y, Wu M, et al. Remote-mode microsphere nano-imaging: new boundaries for optical microscopes. Opto-Electronic Advances, 2018, 1 (1): 170001.

[176] Li Z, Allegre O, Li L. Realising high aspect ratio 10 nm feature size in laser materials processing in air at 800 nm wavelength in the far-field by creating a high purity longitudinal light field at focus. Light: Science and Applications,

2022, 11 (1): 339.

[177] Jin F, Liu J, Zhao Y Y, et al. λ/30 inorganic features achieved by multi-photon 3D lithography. Nature Communications, 2022, 13 (1): 1357.

[178] Xu X, Wang T, Chen P, et al. Femtosecond laser writing of lithium niobate ferroelectric nanodomains. Nature, 2022, 609 (7927): 496-501.

[179] Sun K, Tan D, Fang X, et al. Three-dimensional direct lithography of stable perovskite nanocrystals in glass. Science, 2022, 375 (6578): 307-310.

[180] Hahn V, Rietz P, Hermann F, et al. Light-sheet 3D microprinting via two-colour two-step absorption. Nature Photonics, 2022, 16 (11): 784-791.

[181] Sanders S N, Schloemer T H, Gangishetty M K, et al. Triplet fusion upconversion nanocapsules for volumetric 3D printing. Nature, 2022, 604 (7906): 474-478.

[182] Toombs J T, Luitz M, Cook C C, et al. Volumetric additive manufacturing of silica glass with microscale computed axial lithography. Science, 2022, 376 (6590): 308-312.

[183] Jiao B, Chen F, Liu Y, et al. Acousto-optic scanning spatial-switching multiphoton lithography. International Journal of Extreme Manufacturing, 2023, 5 (3): 035008.

[184] Huang Y, Fleming T G, Clark S J, et al. Keyhole fluctuation and pore formation mechanisms during laser powder bed fusion additive manufacturing. Nature Communications, 2022, 13 (1): 1170.

[185] Ren Z, Gao L, Clark S J, et al. Machine learning-aided real-time detection of keyhole pore generation in laser powder bed fusion. Science, 2023, 379 (6627): 89-94.

[186] Qu M, Guo Q, Escano L I, et al. Controlling process instability for defect lean metal additive manufacturing. Nature Communications, 2022, 13 (1): 1079.

[187] Zhang J, Liu Y, Sha G, et al. Designing against phase and property heterogeneities in additively manufactured titanium alloys. Nature Communications, 2022, 13 (1): 4660.

[188] Zhu Y, Zhang K, Meng Z, et al. Ultrastrong nanotwinned titanium alloys through additive manufacturing. Nature Materials, 2022, 21 (11): 1258-1262.

[189] Song T, Chen Z, Cui X, et al. Strong and ductile titanium-oxygen-iron alloys by additive manufacturing. Nature, 2023, 618 (7963): 63-68.

[190] Smith T M, Kantzos C A, Zarkevich N A, et al. A 3D printable alloy designed for extreme environments. Nature, 2023, 617 (7961): 513-518.

[191] Xiong J, Yang Q, Li Y, et al. Holo-imprinting polarization optics with a reflective liquid crystal hologram template. Light: Science and Applications, 2022, 11 (1): 54.

[192] Huang L, Xu K, Yuan D, et al. Sub-wavelength patterned pulse laser lithography for efficient fabrication of large-area metasurfaces. Nature Communications, 2022, 13 (1): 5823.

[193] Lei Y, Shayeganrad G, Wang H, et al. Efficient ultrafast laser writing with elliptical polarization. Light: Science and Applications, 2023, 12 (1): 74.